ESO

Educación Plástica, Visual y Audiovisual II

AUTORAS
Emma González Herrero
Leonor Ibáñez Tous
Paloma Villalpando Guedón
María Sonia Díaz Jiménez

El 0,7 % de la venta de este libro se destina a proyectos de desarrollo de la ONGD SED (www.sed-ongd.org).

ASÍ ES ESTE LIBRO

UNIDAD 0
Repaso de los contenidos más esenciales de cursos anteriores, para enfrentarte con mayor seguridad a los de este nuevo curso.

PRESENTACIÓN DE LA UNIDAD
Varias **imágenes**, que adelantan el contenido de la unidad, acompañadas de **preguntas** de tipología variada para propiciar el diálogo y el autoaprendizaje.

DESARROLLO DE LOS CONTENIDOS
A lo largo de cada una de las unidades se explican los diferentes bloques que componen la asignatura: lenguaje expresivo, audiovisual y técnico.

Las explicaciones se encuentran apoyadas por un gran despliegue visual, esquemas... En el caso de los contenidos del bloque de *Lenguaje técnico: ejercicios pautados,* se evidencia la relación de la expresión artística con los procedimientos técnicos.

Todos los bloques acaban con actividades y trabajo en grupo.

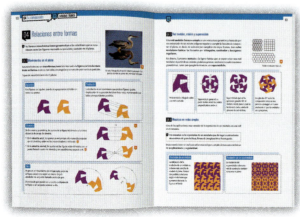

EXPLORA EL ARTE. LECTURA DE LA IMAGEN

Apartado vinculado a los contenidos de *Lenguaje visual y plástico* desde el estudio y la profundización en la dimensión más práctica del arte. También se propone el acercamiento y comentario de alguna imagen artística.

TÉCNICAS ARTÍSTICAS

Explicaciones sobre el uso de técnicas y materiales propios de la asignatura.

Se acompañan de propuestas de trabajo.

ARTE Y GEOMETRÍA

Apartado vinculado a los contenidos de *Lenguaje técnico* en el que se evidencia la relación de la expresión artística con los procedimientos técnicos.

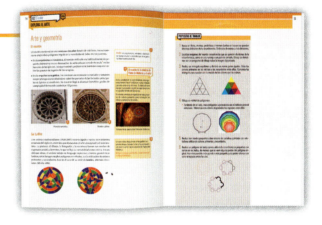

RESUMEN Y EVALUACIÓN

Mapa conceptual de los contenidos de los diferentes lenguajes, y evaluación final para comprobar el grado de asimilación de los contenidos de la unidad.

Diario de aprendizaje. Pregunta para la reflexión del alumno sobre su proceso de aprendizaje.

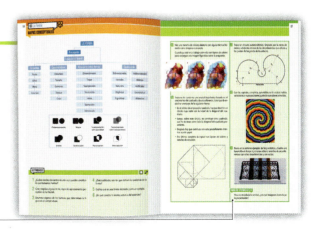

Educación Plástica, Visual y Audiovisual II

U0 Expresión visual — 6

01 La comunicación visual

LENGUAJE VISUAL Y PLÁSTICO
1. Comunicación visual — 10
2. El lenguaje visual — 12
3. La imagen — 14
4. La lectura de la imagen — 16

EXPLORA EL ARTE
La publicidad en el arte: el arte pop — 18

LECTURA DE LA IMAGEN
Botellas de Coca-Cola — 19

TÉCNICAS ARTÍSTICAS
El *collage* — 20

PROPUESTAS DE TRABAJO — 21

LENGUAJE TÉCNICO
5. Los elementos del dibujo técnico y su nomenclatura — 22
6. Trazados fundamentales — 23
7. Construcciones con ángulos — 24
8. Triángulos — 26
9. Construcción de triángulos — 28
10. Construcción de cuadriláteros — 29

EXPLORA EL ARTE
Arte y geometría — 30

PROPUESTAS DE TRABAJO — 31

MAPAS CONCEPTUALES — 32

EVALUACIÓN — 34

02 El color

LENGUAJE VISUAL Y PLÁSTICO
1. El color — 38
2. La clasificación y las características del color — 40
3. Las combinaciones entre colores — 41
4. El lenguaje del color — 42

EXPLORA EL ARTE
El color en el arte: el impresionismo — 44

LECTURA DE LA IMAGEN
Pescadoras valencianas — 45

TÉCNICAS ARTÍSTICAS
La témpera — 46

PROPUESTAS DE TRABAJO — 47

LENGUAJE TÉCNICO
5. División de la circunferencia — 48
6. Las figuras poligonales — 50

EXPLORA EL ARTE
Arte y geometría — 54

PROPUESTAS DE TRABAJO — 55

MAPAS CONCEPTUALES — 56

EVALUACIÓN — 58

03 La forma

LENGUAJE VISUAL Y PLÁSTICO
1. La percepción visual — 62
2. Elementos de la forma — 66
3. Características de la forma — 67
4. Clasificación de las formas — 68
5. Relaciones entre formas — 69
6. Simplificar la forma — 70

EXPLORA EL ARTE
La abstracción en el arte: el suprematismo — 72

LECTURA DE LA IMAGEN
Cuadrado negro — 73

TÉCNICAS ARTÍSTICAS
El estarcido o esténcil — 74

PROPUESTAS DE TRABAJO — 75

LENGUAJE TÉCNICO
7. Tangencias — 76
8. Enlaces — 78
9. Curvas técnicas. Óvalos y ovoides — 79
10. Curvas técnicas. Espirales — 80

EXPLORA EL ARTE
Arte y geometría — 82

PROPUESTAS DE TRABAJO — 83

MAPAS CONCEPTUALES — 84

EVALUACIÓN — 86

04 La composición

Lenguaje visual y plástico
1. La composición — 90
2. Agentes compositivos — 91
3. Clases de composición — 95

Explora el arte
Lo irracional en el arte: el surrealismo — 96

Lectura de la imagen
Personaje tirando una piedra a un pájaro — 97

Técnicas artísticas
La colagrafía — 98

Propuestas de trabajo — 99

Lenguaje técnico
4. Relaciones entre formas — 100
5. Proporcionalidad entre formas — 104

Explora el arte
Arte y geometría — 106

Propuestas de trabajo — 107
Mapas conceptuales — 108
Evaluación — 110

05 El volumen

Lenguaje visual y plástico
1. El volumen — 114
2. El volumen simulado: la sensación de profundidad — 115
3. El volumen simulado: el claroscuro — 116
4. El volumen real como modelo para el simulado — 119

Explora el arte
Lo racional en el arte: el neoplasticismo — 120

Lectura de la imagen
Composición emanante del ovoide — 121

Técnicas artísticas
El carboncillo — 122

Propuestas de trabajo — 123

Lenguaje técnico
5. Del plano a las formas tridimensionales — 124
6. Representación objetiva de la forma — 126
7. Sistema diédrico — 127
8. Sistema axonométrico — 128
9. Perspectiva caballera — 130
10. Perspectiva cónica — 132

Explora el arte
Arte y geometría — 134

Propuestas de trabajo — 135
Mapas conceptuales — 136
Evaluación — 138

06 El lenguaje del diseño

Lenguaje visual y plástico
1. Las áreas del diseño — 142
2. El proyecto en el diseño — 143

Propuestas de trabajo — 147

Lenguaje técnico
3. Normas formatos y acotación — 148
4. Escalas — 150
5. Croquis — 151

Arte y geometría
Maquetas — 152

Propuestas de trabajo — 153
Mapas conceptuales — 154
Evaluación — 156

07 El lenguaje audiovisual

Lenguaje visual y plástico
1. Comunicación y lenguaje audiovisual — 160
2. Lenguaje audiovisual: elementos y estructura — 161
3. Los géneros audiovisuales — 164
4. Proceso de realización de una obra audiovisual — 164
5. Del cómic a la animación — 165
6. De la fotografía al cine — 168
7. Nuevas tecnologías audiovisuales — 170

Propuestas de trabajo — 172
Mapas conceptuales — 173
Evaluación — 174

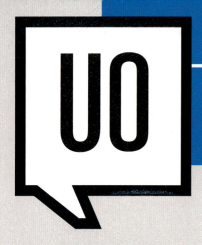

UNIDAD 0
EXPRESIÓN VISUAL

¿Qué es el lenguaje visual?

El lenguaje visual es aquel que **permite** a los seres humanos **comunicarse** y expresarse **mediante imágenes y gestos.**

ACTIVIDADES

1. Recopila imágenes que sean ejemplos significativos de distintos tipos de comunicación visual.

¿Cuáles son los dos elementos más básicos del lenguaje visual?

El **punto** y la **línea** son los dos elementos más básicos del lenguaje plástico.

A partir de la agrupación de puntos o líneas, podemos construir cualquier figura, dibujo o pintura.

ACTIVIDADES

2. Reproduce con puntos y líneas de colores la imagen del cuadro de Monet *Catedral de Rouen*.

   Realiza la actividad con rotuladores.

¿Cuáles son las formas geométricas básicas?

Las formas geométricas básicas son el **triángulo**, el **cuadrado** y el **círculo.**

Cualquier otra forma puede simplificarse en una de las anteriores. De hecho, estamos rodeados de formas geométricas tanto en los objetos artificiales creados por el hombre, como en la propia naturaleza.

ACTIVIDADES

3. Busca en internet una fotografía en la que aparezca de frente la catedral de Rouen y dibuja sobre la imagen las formas geométricas que encuentres y en las que se puede simplificar.

Catedral de Rouen, de Claude Monet

Claude Monet pintó la misma escena, la catedral de la ciudad francesa de Rouen, a diferentes horas del día con la intención de captar los colores que los cambios de luz producen en los objetos.

La catedral está pintada con manchas de distintos colores. Observa las líneas que se generan por la agrupación de manchas de colores similares.

¿Cuáles son los colores primarios pigmento?

Son colores primarios aquellos mediante cuyas mezclas podemos obtener todos los demás, y que no pueden obtenerse por mezcla de ningún otro. En pigmento son primarios el **amarillo**, el **magenta** y el **cian.**

ACTIVIDADES

4 Explica cómo puedes obtener los colores verde, azul violeta y rojo, utilizando solo los colores primarios.

¿Qué es la textura?

La textura es una característica de las superficies de los objetos que se percibe mediante el sentido del tacto y también mediante el sentido de la vista. Por ello, las texturas pueden ser **táctiles**, **visuales** o **ambas** cosas.

ACTIVIDADES

5 Construye una tabla de texturas con imágenes en la que figuren en una fila tres texturas naturales y, en otra, tres texturas artificiales.

¿Qué son las formas simétricas? ¿Y las formas asimétricas?

Una forma es **simétrica** cuando podemos encontrar en ella un eje que la divide en dos partes iguales, de tal forma que si la doblamos por dicho eje, cada punto de un lado coincide con otro igual del otro lado. En este caso, se trataría de una simetría axial. Cuando las formas tienen más de un eje de simetría, esta se produce respecto del punto en el que se cortan todos los ejes. De esta forma nos encontramos ante una simetría radial.

Una **forma** es **asimétrica** cuando no presenta ningún tipo de simetría.

ACTIVIDADES

6 A partir de la actividad 3 de la página anterior, marca los ejes sobre las formas simétricas que encuentres.

a Catedral de Rouen al mediodía, Claude Monet.

b Catedral de Rouen al atardecer, Claude Monet.

c Catedral de Rouen al amanecer, Claude Monet.

En los cuadros apreciamos la textura que produce el empleo reiterado de las manchas de pintura. La repetición de un elemento visual genera una textura visual.

01 La comunicación visual

En todas las épocas y culturas, los seres humanos han utilizado las imágenes para comunicarse entre sí.

Pablo Ruiz Picasso pintó el cuadro *Guernica* (1937) como respuesta a los bombardeos de la aviación alemana sobre la ciudad vasca de Gernika-Lumo durante la Guerra Civil española. El cuadro es un símbolo universal que denuncia el horror de las guerras.

En su cuadro *Whaam!* (1963), Roy Fox Lichtenstein muestra el impacto de un cohete sobre un avión e ironiza, a través del cómic, sobre las imágenes propias de la cultura popular.

Las imágenes artísticas suelen estar cargadas de significados. En *Guernica* (1971), de Equipo Crónica, los mensajes de cada uno de los cuadros que componen la obra suman, mezclan y modifican sus significados individuales para configurar un nuevo mensaje.

Whaam! (1963), Roy Fox Lichtenstein.

Guernica (1937), Pablo Ruiz Picasso.

¿Tengo claro lo que representan las imágenes que aparecen en estas páginas?

¿Qué sensaciones te produce cada uno de los cuadros mostrados: serenidad, tensión, dinamismo…? ¿Qué aspectos de cada uno provocan tales sensaciones?

Observa con detalle los cuadros y debate con tus compañeros qué crees que intentan comunicar el *Guernica* de Picasso y la obra *Wham!* de Roy Lichtenstein. Después, haced lo mismo con el *Guernica* del Equipo Crónica. Comprobad si el resultado de mezclar los dos primeros cuadros se traduce en una suma de sus significados o si por el contrario se modifican mutuamente y dan como resultado un significado distinto.

Guernica (1971), Equipo Crónica.

01 Comunicación visual

01.1 ¿Qué es la comunicación visual?

Diariamente nos relacionamos con otras personas en diferentes entornos. Nos comunicamos creando mensajes e intercambiando información a partir de signos como las palabras, los gestos, los sonidos, las caricias o las imágenes.

Las expresiones (1668), de Charles Le Brun. La expresión del rostro nos informa del estado de ánimo de una persona.

La **comunicación visual** es un proceso de creación, transmisión y recepción de mensajes formados por imágenes. Estas imágenes pueden ser fijas, como los dibujos o las fotografías, o estar en movimiento, como las del cine y la televisión.

Cuando la comunicación visual se produce integrada con sonido, hablamos de **comunicación audiovisual.**

Las imágenes son un **medio de comunicación** eficaz y rápido. Cruzamos la calle cuando el semáforo pasa de la imagen del peatón quieto, en rojo, a la del peatón andando en verde, mientras suena un pitido. Mediante la comunicación visual y audiovisual recibimos información, pero también nos entretenemos: vemos la televisión, jugamos con videojuegos, vamos al cine o leemos un cómic.

Un emoticono es una imagen que representa la emoción o estado de ánimo del emisor de un mensaje. Se utiliza en chats, correos electrónicos, SMS o foros.

Diseñado por Gary Anderson en 1970, el símbolo del reciclaje es una imagen que nos informa de manera rápida y eficaz de que un producto se puede reciclar.

Los videojuegos y la televisión son un ejemplo cotidiano del uso de comunicación audiovisual, que integra imagen y sonido.

01.2 Elementos de la comunicación visual

Los elementos que intervienen en el proceso de la comunicación visual son: emisor, mensaje, receptor, canal, código y contexto.

Este proceso tiene lugar en diferentes situaciones. Vamos a ver un ejemplo del **proceso de la comunicación visual** en el diseño gráfico de un cartel:

Emisor
Es quien **crea el mensaje**. En nuestro caso, el emisor es el cliente asesorado por el diseñador gráfico. El cliente World Wildlife Fund (WWF) encarga al diseñador la realización de un cartel para sensibilizar a la sociedad sobre la contaminación del mar Mediterráneo.

Mensaje
Es la **información que el emisor desea transmitir**. En el cartel, es la información visual compuesta por imágenes y palabras.

Código
Es el sistema de **reglas que rigen el lenguaje visual**. Es necesario conocerlo para poder crear y comprender el mensaje. Nuestro mensaje es doble. Por un lado, se encuentra el mensaje escrito, que está en inglés y se articula según las normas que rigen la lengua inglesa. Por otro lado, tenemos las imágenes, que se construyen a partir de las diferentes normas del lenguaje visual.

1. El cliente encarga al diseñador un cartel.

2. El diseñador trabaja.

3. El diseñador presenta el cartel al cliente, quien lo aprueba.

4. El diseñador supervisa la impresión del cartel en papel (canal).

5. El cartel se exhibe en el MUPI de una parada de autobús, donde los viandantes son los receptores de la comunicación.

Canal
Es el **soporte** que utiliza el emisor para hacer llegar su mensaje al receptor. En nuestro ejemplo, es el papel donde se imprime y los MUPI (mueble urbano para la presentación de información) donde se expone.

Contexto
Es el **entorno** o la situación en la que **tiene lugar la comunicación visual**. En nuestro caso, una parada de autobús.

Receptor
Es el **sujeto al que se dirige el mensaje**. En este caso, las personas que ven el cartel en la parada del autobús.

En el caso de la **comunicación audiovisual, aumenta el número de códigos**, ya que además de los visuales, hay que añadir los códigos sonoros. Es decir, que el mensaje queda reforzado por el uso de varios lenguajes, percibidos por distintos sentidos (vista y oído).

01 La comunicación visual — LENGUAJE VISUAL Y PLÁSTICO

02 El lenguaje visual

02.1 ¿Qué es el lenguaje visual?

A lo largo de la historia, los seres humanos han logrado comunicarse y expresarse entre sí con la ayuda de distintos lenguajes: oral, escrito, visual...

> El **lenguaje visual** es aquel que permite la comunicación humana mediante el uso de imágenes y gestos.

Son ejemplos de comunicación visual mediante imágenes:

Jeroglífico
Es un complejo sistema de escritura en el que las ideas se representan gráficamente mediante figuras o símbolos, en lugar de palabras o frases. Los primeros jeroglíficos corresponden al antiguo Egipto.

Pictograma
Es un icono que representa un objeto de forma esquemática y que sintetiza sus características esenciales.

Logotipo
Es el nombre tipográfico de una marca comercial, de tal forma que dicho nombre funciona como imagen. Es el signo o elemento gráfico que representa a una empresa o institución.

Son ejemplos del **lenguaje visual mediante gestos** el lenguaje de signos para sordos, el alfabeto semáforo o las señales internacionales de rescate.

Lenguaje de signos.

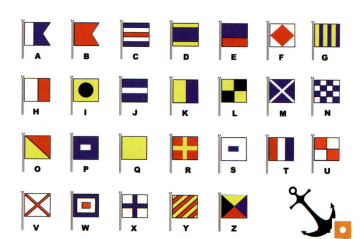

Sistema de señales náuticas por banderas.

02.2 Los signos visuales

Un **signo** es cualquier entidad que remite a otra, o a un significado, a través de un código, y los **signos visuales** son entidades que representan a otras mediante el lenguaje visual.

Las fotografías, las pinturas y películas, los modelos bi o tridimensionales, etc. son ejemplos de signos visuales. De esta forma, podemos decir que las imágenes son signos visuales y que, por lo tanto, transmiten un mensaje.

Los signos tienen dos componentes fundamentales:

- **Significante.** Es el aspecto material del signo.
- **Significado.** Es el concepto que se otorga a un signo por convención social establecida. Es la idea a la que evoca.

Significante		Significado
Signo lingüístico	Signo visual	
Silla	(silla)	Mueble con respaldo que sirve de asiento a una sola persona.

02.3 Tipos de signos visuales

Existen tres clases de signos visuales:

- **Índice o indicio.** Es un signo que se refiere a su objeto por una relación de continuidad, es decir, por estar necesariamente ligado a él.
- **Icono.** Es un signo que se refiere a su objeto en función de alguna similitud con este.
- **Símbolo.** Es un signo que se refiere a su objeto en virtud de alguna convención establecida. Pueden ser figuras reconocibles o abstractas. Un mismo concepto puede estar representado por más de un símbolo. Este es el caso de los símbolos de la paz, mostrados en esta página.

Índice o indicio	Icono	Símbolo	
Una huella en la nieve es un indicio de que algún ser vivo ha pisado allí.	Los pictogramas son iconos que se asemejan o recuerdan al objeto al que representan de manera muy simplificada.	La paloma blanca con una rama de olivo es un símbolo figurativo que representa la idea de la paz. Picasso dibujó en 1949 La paloma de la paz, que es un gran exponente de este símbolo universal.	Gerald Holtom creó este símbolo abstracto para la campaña de desarme nuclear en 1958, basado en un código de signos, y que actualmente se ha convertido en otro símbolo universal de la paz.

03 La imagen

03.1 Imagen y realidad

Vivimos rodeados de **imágenes** que encontramos en libros, revistas, la televisión, el cine, la calle o nuestra casa; están en todas partes. Estas imágenes nos acompañan e influyen en nuestras vidas.

Las imágenes representan una **parte de la realidad** que percibimos por medio del sentido de la vista y del cerebro, pero no son la realidad.

Un **referente** es el objeto que pertenece a la realidad al que la imagen se refiere.

La representación de la realidad

El pintor belga René Magritte estudió la relación entre el arte y la representación. En su obra, cuestionó la idea de representación de la realidad a través de la semejanza de la representación respecto del referente.

Este es el cuadro cuyo mensaje viene a decir que la representación de un objeto no es lo mismo que el objeto, sino una imagen de este.

La traición de las imágenes (esto no es una pipa) (1929).

03.2 Las imágenes icónicas y abstractas

Podemos clasificar las imágenes en función de su parecido con la realidad que representan.

Este grado de semejanza entre una imagen y su referente es el **grado de iconicidad**, que puede ser:

- **Alto.** Cuando una imagen presenta una gran semejanza con el referente u objeto real.
- **Bajo.** Cuando una imagen se parece poco a su referente real.

Ejemplo de pérdida del grado de iconicidad en la representación de un objeto.

En el ámbito del arte encontramos ejemplos de tres tipos de iconicidad:

- Imagen **realista** es aquella que representa fielmente la realidad.
- Imagen **figurativa** es aquella que se aleja de la realidad pero permite reconocerla.
- Imagen **abstracta** es aquella que no se asemeja a la realidad.

Arte realista

Gran Vía (1974-1981), de Antonio López.

Antonio López es un artista que crea representaciones pictóricas de un realismo casi fotográfico.

Arte figurativo

Homenaje a Picasso (1912), de Juan Gris.

En este cuadro, Juan Gris se aparta de una representación realista, pero aun así se distingue la figura de Picasso.

Arte abstracto

Toledo (1960), de Rafael Canogar.

El autor crea imágenes que existen con independencia de los referentes externos a la propia obra. No hay que buscar el parecido con un objeto real.

03.3 Tipos de imágenes según su función

Las imágenes transmiten mensajes visuales de distinto tipo. Dependiendo de la finalidad del mensaje, podemos distinguir tres **tipos de imágenes:**

- **Imágenes informativas.** Son aquellas cuya función es representar la realidad de forma objetiva, de manera que solo tengan una interpretación posible.
- **Imágenes publicitarias.** Son aquellas cuya función es informar, persuadir o vender. No son objetivas.
- **Imágenes artísticas y expresivas.** Son aquellas en las que la representación tiene una finalidad estética o busca expresar un sentimiento, una idea...

Imagen informativa

El plano de una vivienda nos informa sobre la distribución de las habitaciones y sus medidas exactas.

Imagen publicitaria

Los anuncios publicitarios suelen utilizar imágenes sugerentes y emotivas asociadas a los valores de una marca. No es necesario que aparezca el objeto real que se vende.

Imagen artística

ManRay consigue en esta obra, *Lágrimas de cristal* (1932), una estética romántica e irreal.

04 La lectura de la imagen

04.1 Imagen y significado

Hemos visto que las imágenes transmiten **mensajes,** pero no siempre es fácil comprender lo que realmente nos quieren decir.

Para leer una imagen, se recomienda hacerlo desde una doble perspectiva, ya que las imágenes pueden presentar dos **niveles de lectura:**

- **Nivel denotativo.** Trata el mensaje objetivo de la imagen.
- **Nivel connotativo.** Trata el mensaje subjetivo de la imagen.

04.2 Lectura objetiva. Denotación. ¿Qué se ve en la imagen?

> Realizar una lectura objetiva de una imagen consiste en **reconocer** y **describir** los elementos que la configuran y sus características.

Así, en esta lectura denotativa analizamos lo que la imagen representa literalmente, sus dimensiones físicas, el tipo de soporte, la técnica con la que se ha realizado, los elementos visuales que contiene y cómo están organizados o compuestos.

04.3 Lectura subjetiva. Connotación y retórica visual. ¿Qué sugiere la imagen?

> La lectura subjetiva de la imagen se centra en la **interpretación** de los aspectos no observables directamente, que son el resultado del uso premeditado de los elementos objetivos de la imagen, para transmitir un **significado figurado.** Se trata de lo que sugiere o evoca la imagen.

La interpretación de este mensaje subjetivo no es igual para todos los receptores. Depende de factores como la **cultura,** los **valores,** las **normas sociales,** las **experiencias** previas o el contexto en el que se crea y en el que se muestra. Estos factores son los que generan las asociaciones que son claves para comprender el **significado** del mensaje.

A la hora de elaborar el nivel connotativo de la imagen, sus creadores, especialmente los artistas, cineastas, diseñadores y publicistas, **planifican** cuidadosamente todos los **recursos objetivos del lenguaje visual y audiovisual.** Pero también suelen adaptar otro tipo de recursos propios del lenguaje literario, como son las **figuras retóricas*** que, con una función poética y persuasiva, se aplican de modo similar en la imagen.

Vamos a ver algunas de las figuras retóricas visuales más utilizadas, tanto en las imágenes artísticas como en las publicitarias, a través de la obra del fotógrafo español **Chema Madoz.**

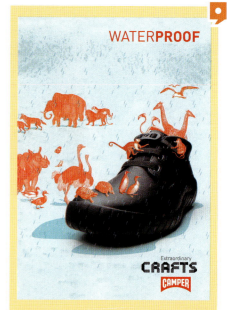

El anuncio presenta elementos objetivos observables como el texto, el logotipo, el zapato y las ilustraciones de animales bajo la lluvia, cuya organización y características habría que analizar, bajo la luz de cada uno de los temas del libro que tratan sobre lenguaje visual.

En sentido figurado, equipara el zapato resistente al agua, con el arca de Noé, resistente frente al diluvio universal. Lo realiza mediante una metáfora visual en la que sustituye el arca de Noé por el zapato. Pero hay que conocer el relato bíblico para descifrar el mensaje subjetivo.

> **retórica:** arte del bien decir, de embellecer la expresión de los conceptos, de dar al lenguaje escrito o hablado eficacia para deleitar, persuadir o conmover. (DRAE)

Metáfora

Se sustituye un elemento por otro con el que guarda una relación de semejanza.

En este caso la nube sustituye a la copa del árbol gracias a la semejanza de su forma.

Comparación

Se basa en disponer los elementos de tal modo que se evidencien las características que comparten (paralelismo) o en las que difieren (oposición).

El fluorescente y las velas presentan paralelismo de tamaño, forma, color y función.

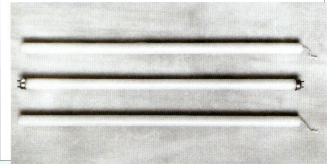

Calambur

Es un juego visual en el que percibimos algo que realmente no está representado.

Chema Madoz realiza una ilusión óptica por la que creemos ver un cartabón apoyado sobre un estante, cuando en realidad, es producto de las sombras que producen dos lápices sobre el estante y la pared.

Prosopopeya o personificación

Consiste en atribuir características o cualidades humanas a objetos o animales.

Chema Madoz personifica unas tijeras, al añadir pestañas a los «ojos» para los dedos.

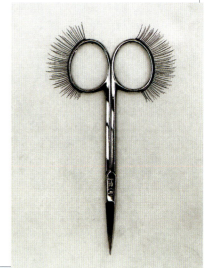

Repetición

Esta fotografía presenta una profusa repetición de horquillas a modo de lluvia, sobre las ondas de pelo que simulan olas de mar. Utiliza varias figuras retóricas en la misma imagen, ya que utiliza la repetición para construir la metáfora visual.

El resultado es que se juega con los elementos objetivos, organizándolos de tal forma que transmiten un significado figurado, distinto del significado propio que les corresponde.

01 La comunicación visual

EXPLORA EL ARTE

La publicidad en el arte: el arte pop

En la década de los años cincuenta y principios de los sesenta del siglo XX, artistas británicos y estadounidenses crearon un nuevo movimiento artístico: el arte pop (*Pop Art*, en inglés). Su nombre procede de *popular art* ('arte popular'). Pretendía ser el **arte derivado** de la **sociedad de consumo** de masas.

Es un **arte urbano** y alejado de la naturaleza. Se trabaja con iconos procedentes de objetos cotidianos, como electrodomésticos, embalajes, publicidad, cómic y revistas y fotografías de las estrellas del cine y la televisión.

Las imágenes se toman tal y como se muestran, sin embellecerlas. **Materiales** como el plástico, el papel de prensa, latas, botellas, cartones, etc., son utilizados junto a otros más tradicionales como el óleo.

> En las páginas webs del Museo de Andy Warhol en Pittburgh, Estados Unidos, y de la Fundación para las Artes Visuales Andy Warhol de Nueva York, podrás profundizar en la obra de este creador.
>
> http://www.warhol.org
> http://www.warholfoundation.org/

Marilyn Diptych (1962)

El arte pop es un arte de formas y temas divertidos cuyo contenido es fácil de captar por parte del espectador.

Andy Warhol utiliza en esta obra una fotografía de prensa en blanco y negro de la actriz Marilyn Monroe coloreada con tonos chillones y contrastados.

La repetición de la imagen alude a la reproducción mecánica industrial y a la seriación propia de los productos de consumo.

Andy Warhol

Andrew Warhol (1928–1987), artista estadounidense, es considerado el máximo representante del arte pop. Trabajó como ilustrador, dibujante publicitario, cineasta y escritor.

Utilizó en su trabajo productos populares de consumo como las botellas de Coca-Cola y valoró la importancia de los medios de comunicación de masas como vehículos para extender el arte. Warhol elevó las imágenes y los objetos de consumo a la categoría de arte.

> «Lo bueno de este país es que Estados Unidos inició la tradición de que los consumidores más ricos compran, esencialmente, las mismas cosas que los más pobres. Puedes estar mirando la televisión y ver un anuncio de Coca-Cola y sabes que el presidente bebe Coca-Cola, Liz Taylor bebe Coca-Cola, y puedes pensar que tú también bebes Coca-Cola... Todas las Coca-Colas son iguales, y una Coca-Cola es una Coca-Cola, y ninguna cantidad de dinero puede comprarte una Coca-Cola mejor...».
>
> WARHOL, A.: *Mi filosofía de A a B y de B a A*, Tusquets, Barcelona, 1993.

Autorretrato (1986). Andy Warhol utiliza la serigrafía, técnica que posibilita la reproducción de múltiples imágenes.

Así, el autor desmitifica la obra de arte «única» y fomenta la obra en «serie».

01 La comunicación visual

LECTURA DE LA IMAGEN

LECTURA OBJETIVA

En la obra *Botellas de Coca-Cola,* el autor coloca doscientas diez botellas de vidrio ordenadas en siete filas con treinta recipientes cada una.

El autor representa tres vistas diferentes de las botellas: frontal, perfil y tres cuartos.

Ficha técnica

Autor: Andy Warhol (1928–1987)
Título: *Botellas de Coca-Cola*
Año: 1962
Tamaño: 209,5 × 266,7 cm
Técnica: óleo sobre tela
Colección: colección privada

Imagen publicitaria

Andy Warhol toma como referencia para su trabajo una imagen comercial familiar: el logotipo y el envase de Coca-Cola.

Objetos cotidianos

Durante los años sesenta, la Coca-Cola era ya en Estados Unidos un tipo de producto muy frecuente que la mayoría de los ciudadanos podían tener en su hogar.

LECTURA SUBJETIVA

La composición del cuadro sugiere la fabricación en serie, la presentación de los productos en un supermercado y la uniformidad mecánica de las reproducciones publicitarias.

La publicidad crea imágenes con la intención de persuadir a la gente para que compre el producto y repita su compra. Warhol está interesado en destacar ese carácter repetitivo del consumismo capitalista. Crea sus imágenes con una calidad estética y un mensaje cultural que las diferencia de la publicidad y las convierte en arte.

Warhol utiliza figuras de la **retórica visual publicitaria** como son la redundancia y la repetición de la botella de Coca-Cola. Mediante su uso, trata de provocar en el espectador una reflexión sobre la presencia constante de este producto en el mercado y en la sociedad estadounidense.

Este cuadro supone un comentario visual al estilo de vida americano y sitúa un producto fabricado como es la Coca-Cola en un nuevo contexto, el artístico.

Warhol convierte la marca Coca-Cola en un símbolo del estilo de vida americano.

01 La comunicación visual

TÉCNICAS ARTÍSTICAS

El *collage*

La voz francesa *collage* significa **'encolado'**. Es una técnica en la que se pegan unos materiales sobre otros para obtener una composición artística.

Características

Dependiendo del material que utilicemos, el resultado será muy distinto y estará relacionado con las **texturas,** tanto **táctiles** como **visuales.**

¿Cómo se trabaja?

Hay que elegir un **soporte** apropiado para el *collage* en función de las características de los elementos que vamos a pegar. Es decir, si únicamente vamos a pegar papeles, fotografías o telas, se puede utilizar una cartulina como soporte. Pero si vamos a utilizar maderas o cartones, conviene que el soporte sea más resistente.

Se pueden cortar los materiales con tijeras, pero también se puede hacer de forma manual para que los bordes queden irregulares. Antes de empezar a pegar los elementos, tenemos que pensar cómo los vamos a disponer sobre el soporte y qué mensaje queremos transmitir con ellos. Saber hacer *collages* sirve para realizar composiciones artísticas, tanto figurativas como abstractas, de una forma mucho más rápida y con texturas reales.

> **Materiales**
> - Soporte.
> - Tijeras.
> - Papel, tela, madera, cartón.

dadaísmo: movimiento cultural y artístico de principios del siglo XX que surge en contra de las convenciones tradicionales del arte y de la sociedad de la época, proponiendo una forma de arte como «no arte», o «antiarte».

AB CD (1920). Esta obra es un autorretrato del artista dadaísta* Raoul Hausmann. En este collage, junta trozos de palabras e imágenes para hacer nuevas imágenes cargadas de simbolismo y expresividad.

Collage (1921). Kurt Schwitters es otro artista dadaísta considerado uno de los principales exponentes de este movimiento.

ACTIVIDADES

Realización de un *collage:*

1. Busca en revistas y escoge dos imágenes informativas y dos publicitarias que puedas recortar.
2. Piensa en el mensaje de cada una de las imágenes que has elegido y anótalo.
3. Después, piensa cómo puedes combinarlas y qué vas a comunicar con la imagen resultante.
4. Haz un *collage* con ellas para conseguir una imagen artística.
5. Una vez acabado el *collage,* exponlo en clase y pregunta a tus compañeros si han captado el significado que tú pretendías transmitir.

PROPUESTAS DE TRABAJO

1. Define la comunicación visual y enumera sus elementos explicando cada uno de ellos. Aplícalo a un ejemplo cotidiano de este tipo de comunicación.

2. Observa los pictogramas siguientes y responde estas cuestiones:

   - ¿Qué mensaje transmite cada uno de ellos?
   - ¿Crees que lo transmiten con claridad?
   - ¿Lo comprendería igual una persona de otro país?

3. Realiza un pictograma para ponerlo en la puerta del aula de dibujo. El aula va a estar representada por alguna de las técnicas artísticas que se realizan en ella.

   a. Elige la técnica artística que representará el aula.
   b. Piensa qué materiales se utilizan en esa técnica.
   c. Dibuja esos materiales y píntalos a color como en los ejemplos.
   d. Basándote en tu dibujo, haz otro mucho más simplificado, a un solo color.
   e. Recuerda que el pictograma tiene que sintetizar sus características esenciales de modo esquemático. Fíjate en la escala de iconicidad mostrada en el apartado de imágenes icónicas y abstractas.

4. Entre varios compañeros, seleccionad veinte imágenes en los libros de texto de este curso para clasificarlas en función de su finalidad.

   Sacad fotos con el móvil y después, en un documento de texto, escribid la clasificación que viene en el libro y pegadlas donde les corresponda.

5. A partir de fotografías de revistas, realiza dos composiciones, una con una metáfora visual relacionada con el sentido del gusto y otra con una prosopopeya.

6. Realizad en grupo una búsqueda en Internet de dos anuncios publicitarios que utilicen imágenes artísticas, para hacer una lectura colectiva y debatir los resultados.

   a. Realizad una lectura objetiva sencilla. Describid todo lo que veáis en la imagen del modo más detallado posible (objetos, personas, fondos…).
   b. A partir de la descripción obtenida, averiguad qué sugiere o qué mensaje subjetivo es el que transmite el anuncio, más allá de lo que realmente está en la imagen. ¿Por qué se han utilizado las imágenes artísticas? ¿Cómo influyen en el mensaje?

7. Elige una imagen de una revista digital. Puede ser una marca, un producto, un objeto o un personaje famoso que forme parte de tu vida diaria.

   Escoge un programa que suelas utilizar (PowerPoint, Photoshop, Paint…) para copiarlo y pegarlo varias veces y hacer una composición por repetición, similar a las de Andy Warhol.

   Después, cambia los colores en cada una de ellas utilizando colores saturados como en el ejemplo.

05 Los elementos del dibujo técnico y su nomenclatura

La Revolución Industrial permitió la producción en serie de todo tipo de objetos, cuyo diseño ha progresado extraordinariamente. Para poder proyectarlos se ha establecido un lenguaje, el dibujo técnico, con el que los técnicos de cualquier lugar del mundo pueden comunicarse. Este lenguaje utiliza representaciones gráficas como líneas, símbolos, etc.

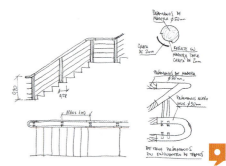

El diseño industrial de un producto comienza con su planificación. Para ello, se dibuja el objeto que se va a fabricar utilizando trazos a mano alzada, en un boceto llamado croquis.

05.1 Punto

El punto se define como el lugar donde se cortan dos rectas. Se nombra con una letra mayúscula, empezando por las primeras letras del abecedario: A, B, C... Podemos dibujarlo de dos maneras:

Como intersección de dos rectas   Como circunferencia

A +   B o

05.2 Línea recta

La línea es una sucesión de puntos en una misma dirección. Aunque en el dibujo las rectas se acaban cuando dejamos de trazarlas, en realidad son elementos infinitos. Para diferenciar unas rectas de otras les ponemos nombres mediante letras minúsculas: r, s, t... o a, b, c...

El diseño arquitectónico utiliza el dibujo técnico para representar en un espacio bidimensional el proyecto de edificios. Dibujos del arquitecto Juan Ángel Martín.

05.3 Línea curva

Es una línea cuyos puntos no siguen una misma dirección. El arco de una circunferencia es una línea curva.

05.4 Segmento

Es una parte de una recta limitada por dos puntos, uno en cada extremo. Al estar compuesta por dos puntos y una recta puede nombrarse con letras mayúsculas y minúsculas.

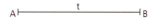

05.5 Plano

Es un elemento bidimensional que tiene anchura y longitud. Al igual que la línea recta, es ilimitado en todas sus direcciones.

Para nombrarlo utilizamos letras del alfabeto griego, α (alfa), β (beta), γ (gamma), δ (delta)...

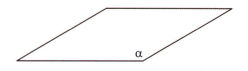

06 Trazados fundamentales

Del mismo modo que para escribir necesitamos conocer las palabras y para realizar operaciones matemáticas los números, en dibujo técnico es necesario estudiar los trazados que nos permiten iniciarnos en el lenguaje técnico.

Trazado de la paralela a una recta que pasa por un punto exterior a ella

- Desde el punto **P** trazamos un arco que corta la recta **r** en el punto **1**.
- Con el mismo radio y con centro en el punto **1**, trazamos un arco que, además de pasar por **P**, corta **r** en el punto **2**.
- Tomamos con el compás el radio **2P** y, haciendo centro en el punto **1**, dibujamos un arco para obtener el punto **3**. La recta **P3** es la paralela a **r** que pasa por **P**.

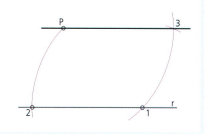

Trazado de una perpendicular en un punto de una recta

- Desde el punto P, y con un radio cualquiera, trazamos un arco que corta la recta r en los puntos 1 y 2.
- A continuación, haciendo centro en 1 y 2, trazamos dos arcos que se cortan en el punto 3.
- La recta P3 es la perpendicular a r en el punto P.

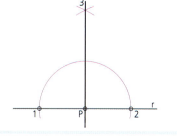

Trazado de una perpendicular a una recta por un punto exterior a ella

- Desde el punto P y con un radio suficiente para cortar la recta r, trazamos un arco que la corta en los puntos 1 y 2.
- A continuación, hacemos centro en 1 y 2 y trazamos dos arcos que se cortan en el punto 3.
- La recta P3 es la perpendicular a r desde el punto P.

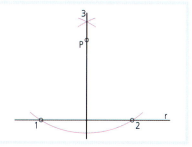

Trazado de una perpendicular en el extremo de una semirrecta

- Haciendo centro en P y con un radio cualquiera, trazamos un arco que corta la recta r en el punto 1.
- Sobre el arco inicial, a partir del punto 1, llevamos dos veces arcos del mismo radio para obtener los puntos 2 y 3.
- Desde los puntos 2 y 3 trazamos dos arcos que se cortan en el punto 4.
- La recta P4 es la perpendicular por el extremo de la semirrecta.

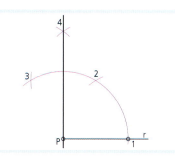

07 Construcciones con ángulos

07.1 Operaciones con el compás

En dibujo técnico, para construir ángulos podemos utilizar el transportador de ángulos, la escuadra y el cartabón o, de forma más usual, el compás. Los trazados que te presentamos están realizados con el compás

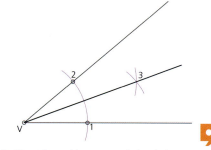

La bisectriz es el lugar geométrico de los puntos que equidistan de los lados de un ángulo.

Trazado de un ángulo igual a otro

- Antes de trazar el ángulo, tenemos que dibujar un arco en el ángulo dato (el que nos proporcionan para resolver el problema). Obtenemos así los puntos **1** y **2**.
- Por otra parte, trazamos una semirrecta y llamamos **O** al extremo, igual que el vértice dato.
- Haciendo centro en este punto **O** trazamos un arco de radio **O1** y desde el punto **1** llevamos la cuerda **1-2**.
- Uniendo el vértice con el punto **2** obtenemos un ángulo igual al dado.

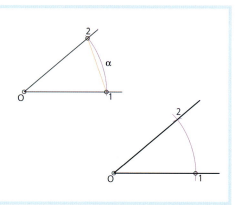

Trazado de la bisectriz de dos rectas concurrentes

- Dos rectas son concurrentes cuando, al prolongarlas, se cortan en un vértice fuera de los límites del papel.
- Para trazar su bisectriz, dibujamos un segmento cualquiera que corte las dos rectas en los puntos **1** y **2**.
- Estos puntos son vértices de cuatro ángulos, cuyas bisectrices trazamos. Estas se cortan dos a dos en los puntos **3** y **4**.
- Uniendo los puntos **3** y **4**, definimos la bisectriz de las rectas concurrentes.

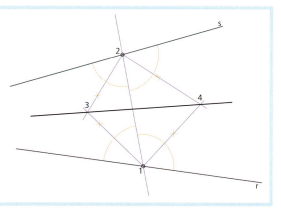

División de un segmento en partes iguales: el teorema de Tales

Uno de los trazados fundamentales más importantes y de gran utilidad es la división de un segmento en partes iguales, una de las aplicaciones del teorema de Tales.

- Desde el extremo **A** del segmento **AB** trazamos una semirrecta con un ángulo cualquiera. Sobre ella llevamos medidas iguales con el compás, tantas como las partes en que queramos dividir el segmento.
- Unimos con una recta la última división de la semirrecta con el extremo **B**, y trazamos paralelas a ella por las demás divisiones de la semirrecta, obteniendo así la división del segmento en partes iguales.

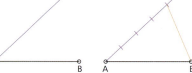
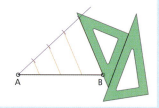

07.2 Trazado de ángulos

En el dibujo técnico muchas veces es necesario dibujar ángulos de medidas concretas, siendo los más habituales los de 90°, 45°, 60° y 30°. Los siguientes ángulos están realizados con compás.

Ángulo de 90° y de 45°

- Dibujamos una recta y en ella un punto P.
- Desde el punto P trazamos la perpendicular a la recta con el método explicado en el apartado dedicado a los trazados fundamentales.
- El ángulo que forman estas dos rectas perpendiculares es, por tanto, de 90°.
- Trazando la bisectriz del ángulo de 90° obtenemos el de 45°.

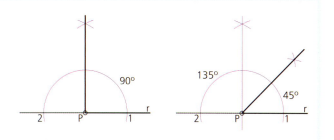

Trisección de un ángulo recto

- Desde el vértice del ángulo recto trazamos un arco de cualquier radio y obtenemos los puntos 1 y 2.
- Desde el punto 1 con el mismo radio trazamos otro arco para obtener el punto 3.
- Del mismo modo, haciendo centro en el punto 2, trazamos otro arco más que dará el punto 4.
- Estas divisiones nos dan la trisección del ángulo recto.

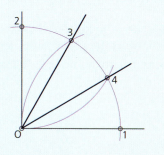

Ángulo de 60°

- Desde un punto P de una recta cualquiera trazamos un arco que corta la recta en los puntos 1 y 2.
- Con el mismo radio del arco y haciendo centro en el punto 2, dibujamos otro arco que corta al anterior en el punto 3.
- La semirrecta P3 define un ángulo de 60°.

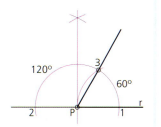

Esta escultura del artista valenciano Andreu Alfaro, *Lebenskraft*, pertenece a una serie que se titula *Generatrices*. Se compone de barras rectas de acero inoxidable unidas en su punto medio para formar los diámetros de una circunferencia inexistente.

Ángulo de 30°

- Trazando la bisectriz del ángulo de 60° obtenemos el de 30°.
- Derivados de estos ángulos, podemos construir el de 15° como bisectriz del de 30°, y el de 120°, dibujando el de 60° desde el punto 2.

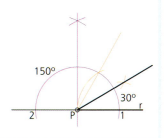

08 Triángulos

08.1 Rectas notables del triángulo

Las rectas notables de un triángulo son las líneas que están presentes en cualquier tipo de triángulo, independientemente de su forma o de su tamaño.

Los triángulos tienen infinitas líneas que unen un vértice con el lado opuesto, son las **cevianas.** Pero hay otras líneas que cumplen condiciones especiales, se las llama líneas o rectas notables del triángulo:

- **Mediatriz** de un lado es la perpendicular trazada por el punto medio del lado.
- **Bisectriz** de un ángulo es la recta que divide un ángulo en dos parte iguales.
- **Mediana** es el segmento que une un vértice con el punto medio del lado opuesto.
- **Altura** es el segmento perpendicular a un lado trazado desde el vértice opuesto.

Como los triángulos tienen tres lados, cada triángulo tendrá, por tanto, tres mediatrices, tres bisectrices, tres medianas y tres alturas y para distinguirlas es importante nombrarlas bien.

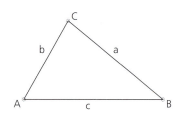
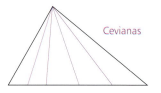

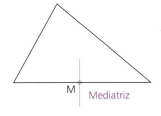
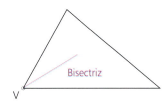
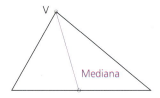
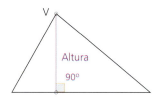

08.2 Centros de los triángulos

Las rectas notables del triángulo se cortan en puntos llamados puntos notables del triángulo o **centros.**

Las tres mediatrices de un triángulo se cortan en un punto llamado circuncentro **(CC).** Por tanto, podemos definir **circuncentro** como el punto donde se cortan las tres mediatrices de un triángulo.

Desde él se puede trazar la circunferencia circunscrita al triángulo.

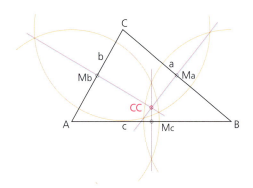
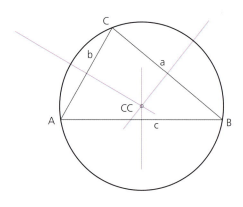

Las tres bisectrices de un triángulo se cortan en un punto llamado incentro (**IN**). Por tanto, podemos definir **incentro** como el punto donde se cortan las tres bisectrices de un triángulo.

Desde él se puede trazar la circunferencia inscrita en el triángulo.

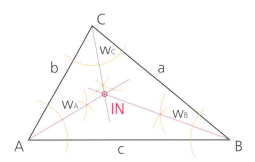
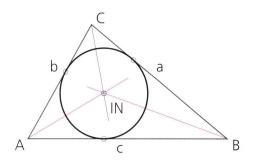

Las tres medianas de un triángulo se cortan en un punto llamado baricentro (**Ba**). Por tanto, podemos definir **baricentro** como el punto donde se cortan las tres medianas de un triángulo.

Es el centro de equilibrio del triángulo, es decir, su centro de gravedad.

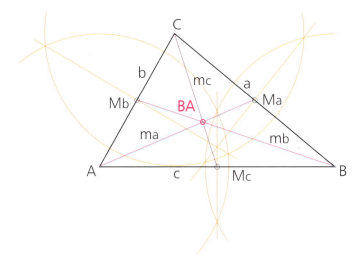

Las tres alturas de un triángulo se cortan en un punto llamado ortocentro (**OR**). Por tanto, podemos definir **ortocentro** como el punto donde se cortan las tres alturas de un triángulo. a

El punto donde cada altura toca al lado opuesto se llama pie de la altura. Si unimos los tres pies de las alturas, podemos dibujar el llamado **triángulo órtico.** b

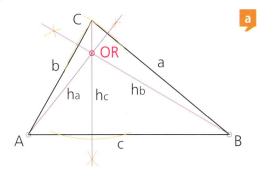
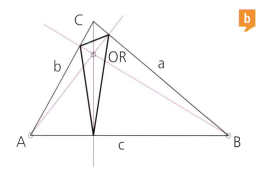

09 Construcción de triángulos

La **construcción de triángulos** parte de unos datos que se nos facilitan. Después, aplicando lo que sabemos sobre lados, ángulos y su clasificación, completaremos su trazado para hallar la solución. Podemos dibujar algunos triángulos conociendo un solo dato (triángulo equilátero), dos datos (triángulo rectángulo e isósceles) y tres datos (triángulo escaleno), y sus relaciones geométricas.

Triángulo equilátero dado el lado AB

- Para trazar un triángulo equilátero, dibujamos primero el lado **AB** que nos dan como dato.
- A continuación, trazamos dos arcos desde los extremos **A** y **B** con radio **AB**, que se cortan en el vértice **C**.
- Por último, dibujamos los lados del triángulo obtenido.

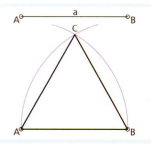

Triángulo rectángulo dados el cateto b y la hipotenusa a

- Dibujamos dos rectas perpendiculares y llamamos al punto de corte **A** (vértice).
- Desde **A** llevamos la medida del cateto **b** con el compás y obtenemos el vértice **C**.
- Desde **C** llevamos la hipotenusa **a**, que nos han dado como dato, y hallamos en la perpendicular el vértice **B**.
- Dibujamos los lados del triángulo.

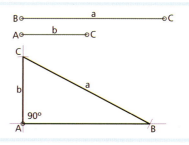

Triángulo isósceles conociendo el lado igual AB y el ángulo desigual Â

- En esta construcción con dos datos, dibujamos primero el ángulo **Â**.
- Prolongamos los lados de **Â** y sobre ellos llevamos con el compás la medida del lado **AB**.
- Uniendo los vértices, dibujamos el triángulo pedido.

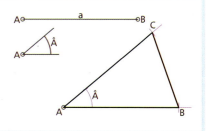

Triángulo escaleno dada la base c y los ángulos correspondientes a la base Â y B̂

- Dibujamos el lado base **c**.
- Trazamos en el extremo **A** un ángulo igual al dado **Â**.
- En el extremo **B** dibujamos un ángulo igual que **B̂**. Prolongando los lados de estos ángulos hallamos el vértice **C**. Unimos los vértices para dibujar el resultado.

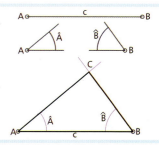

10 Construcción de cuadriláteros

Al igual que con los triángulos, podemos **construir cuadriláteros** partiendo de distintos datos. Para realizar las figuras más complejas geométricamente, las regulares, necesitamos menos datos. Estos son ejemplos de trazados de cuadriláteros conociendo un solo dato (cuadrado), dos datos (rectángulo o rombo) y tres datos (romboide).

Trazado del cuadrado conocido el lado

- Para trazar un cuadrado cuyo lado **AB** conocemos, una vez dibujado este, trazamos una recta perpendicular en cada extremo.

- Desde estos extremos **A** y **B**, trazamos dos arcos cuyo radio es el lado del cuadrado. Ambos arcos cortarán las perpendiculares en los vértices que nos faltan para cerrar el cuadrado.

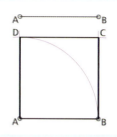

Dibujar un rectángulo conocido el lado AB y la diagonal d

- En este ejercicio, con dos datos dibujamos dos rectas perpendiculares entre sí y llamamos **B** al punto común.

- Llevamos desde **B** y con el compás el lado **AB**.

- Desde el vértice **A**, trazamos un arco con radio del tamaño de la diagonal y obtenemos el vértice **C**, sobre la perpendicular en **B**.

- Cerramos el rectángulo trazando una paralela y una perpendicular al lado **AB**.

Dibujar un rombo conocidas las dos diagonales AC y BD

- Sobre una línea horizontal, dibujamos la diagonal **AC** y trazamos su mediatriz, llamando **M** al punto donde se cortan.

- Por otra parte, trazamos la mediatriz de la diagonal **BD** para hallar su punto medio.

- Tomamos con el compás la mitad de la diagonal **BD** y la llevamos desde **M** arriba y abajo sobre la mediatriz de **AC**, para obtener así los vértices **B** y **D** del rombo.

- Trazamos los lados para dibujar la figura pedida.

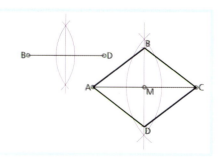

Romboide conocidos dos lados y el ángulo común a ambos

- Sobre una línea horizontal, fijamos un punto **A**, a partir del cual dibujamos el lado **AB**.

- Por otra parte, utilizando el punto **A** como vértice, trazamos un ángulo **Â** igual al dado.

- Prolongamos el lado del ángulo y llevamos sobre él con el compás, desde el punto **A**, el lado **AD**. Trazamos paralelas a los lados **AB** y **AD** para hallar el vértice **C** y cerrar el romboide.

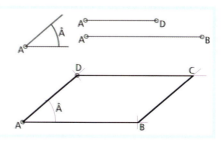

Arte y geometría

La geometría y el arte: un origen común

La relación de la geometría y el arte se remonta a tiempos prehistóricos. El **arte neolítico** nos ha dejado numerosas muestras del interés que los humanos de aquella época tenían por los diseños geométricos. Así lo demuestran sus objetos de alfarería, sus tejidos y la fascinación que su arquitectura manifiesta por las relaciones espaciales.

En **Mesopotamia** y **Egipto**, los sacerdotes utilizaron la geometría para estudiar los cuerpos celestes y el Sol, a los que dieron carácter de deidad y les erigieron impresionantes edificios y templos. No hay duda de que estas dos civilizaciones utilizaban el triángulo rectángulo y el teorema de Pitágoras, aunque todavía no era conocido por ese nombre.

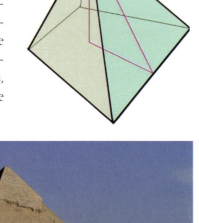

La taula de Talatí de Dalt

Esta construcción megalítica se encuentra en Menorca, en el archipiélago balear, y fue realizada en el milenio II a.C.

El monumento está formado por menhires dispuestos entre sí en posiciones perpendiculares y oblicuas, y es un ejemplo del interés de las sociedades prehistóricas por las formas geométricas.

En las pirámides de Egipto, se aplicó el triángulo rectángulo para relacionar la altura con la inclinación de las caras.

Euclides de Alejandría

Fue el matemático más grande de la antigüedad. Recopiló la sabiduría geométrica de estas culturas y de los maestros griegos Tales de Mileto y Pitágoras de Samos, en su obra *Los elementos*.

Será por tanto en **Grecia**, y después en **Roma**, donde la geometría del triángulo se desarrolle con carácter científico y encuentre nuevas expresiones artísticas.

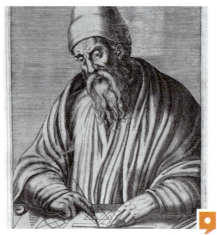

Euclides de Alejandría.

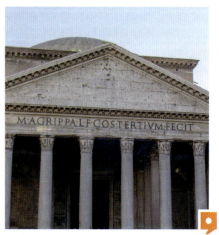

El Panteón de Agripa, en Roma (Italia).

PROPUESTAS DE TRABAJO

1. Repasa los contenidos de cursos anteriores: realiza una mediatriz, bisectriz y traza rectas paralelas y perpendiculares con escuadra y cartabón.

2. Dibuja letras o números como los del ejemplo utilizando rectas verticales, horizontales y ángulos de 45° y de 30°.

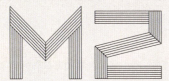

3. Divide un segmento de 50 mm en siete partes iguales, y otro de 60 mm en nueve partes iguales.

4. Traza un ángulo de 75° utilizando las construcciones que hemos visto en la unidad.

5. Observa las divisiones internas de estos triángulos hechas mediante mediatrices y bisectrices. Este tipo de particiones se utilizan en el diseño gráfico, como el logotipo de Mitshubishi. Busca y realiza este y otros ejemplos.

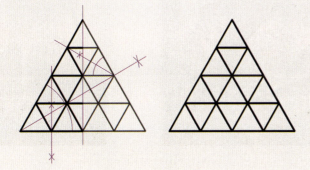

6. Observa las divisiones internas de estos cuadrados hechas mediante diagonales y mediatrices. Este tipo de particiones se utilizan en el diseño gráfico, como en el logotipo de Citroën. Busca y realiza este y otros ejemplos.

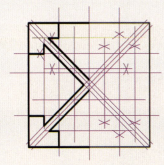 

7. Busca fotografías de edificios de distintas épocas históricas en las que aparezcan elementos arquitectónicos en forma de triángulo y clasifícalas indicando la época y el tipo de triángulo que aparece.

01 La comunicación visual

MAPAS CONCEPTUALES

ACTIVIDADES

1. ¿Qué tipo de lenguaje es el que permite la comunicación mediante el uso de imágenes y gestos?

2. ¿Qué son los signos visuales? ¿Y las imágenes?

3. ¿Cuáles son los dos componentes fundamentales que tienen los signos?

4. Enumera los tipos de signos visuales y pon un ejemplo de cada uno.

5. ¿Qué es el nivel de iconicidad?

6. ¿Cómo pueden ser las imágenes en función del nivel de iconicidad?

7. ¿Cómo pueden ser en función de su finalidad?

8. ¿Qué niveles de lectura hay que realizar para comprender el significado de las imágenes?

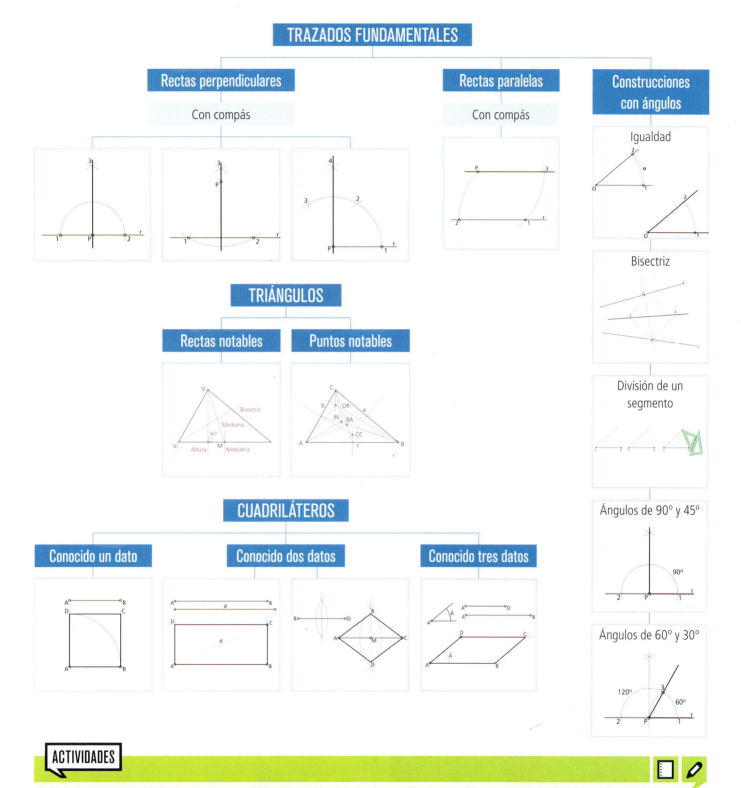

ACTIVIDADES

1. ¿Qué instrumentos podemos utilizar para construir ángulos?

2. ¿Cuántas rectas notables tiene un triángulo?

3. ¿Qué punto notable del triángulo necesitas para trazar una circunferencia circunscrita?

4. ¿Puedes construir un cuadrado cuando te dan como dato solo su diagonal?

5. ¿Qué diferencia hay entre un rombo y un romboide?

01 La comunicación visual

EVALUACIÓN

1 Realiza una composición como las del arte pop de Andy Warhol.

Puedes utilizar una foto tuya repetida varias veces y reproducirla mediante:

- Fotocopias.
- Imprimiéndola desde el ordenador o calcándola.

Fíjate en estos trabajos realizados por alumnas.

2 Realiza una composición con cuadrados o triángulos al estilo del pintor español Eusebio Sempere.

Emplea líneas paralelas y perpendiculares de distinto grosor.

Observa la simplicidad del esquema de la estructura del cuadro *Estudio del cuadrado* y búscalo en http://pintura.aut.org entre los cuadros del autor.

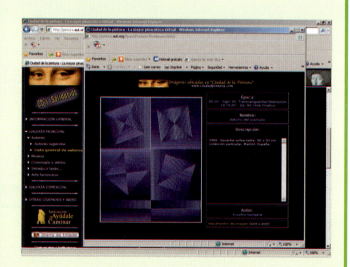

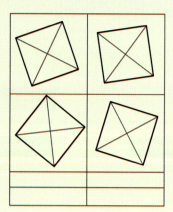

3 Dibuja un cuadrado sin medidas dadas haciendo las paralelas, perpendiculares y oblicuas necesarias con escuadra y cartabón.

Haz el menor número posible de movimientos y no muevas el cartabón. ¿Cuántos movimientos has hecho?

4 Utiliza las divisiones de un cuadrado o un triángulo como los que te presentamos con el fin de diseñar en tu cuaderno un logotipo para tu grupo de amigos.

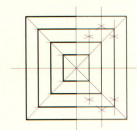

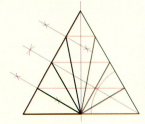

5 Dibuja un triángulo escaleno de lados a = 5 cm, b = 4 cm y c = 3 cm.

¿Cómo es el triángulo atendiendo a sus ángulos? Qué famoso teorema matemático se puede aplicar a este triángulo. Demuéstralo.

6 Dado un cuadrado de 80 mm de lado, divide sus lados en seis partes iguales.

Une entre sí todos los puntos obtenidos, hazlo mediante líneas muy finas, como en el ejemplo.

7 Identifica en las imágenes de abajo los elementos de la comunicación visual: emisor, receptor, mensaje, canal y código. Puedes elegir otras imágenes para completar la tabla que debes realizar en tu cuaderno.

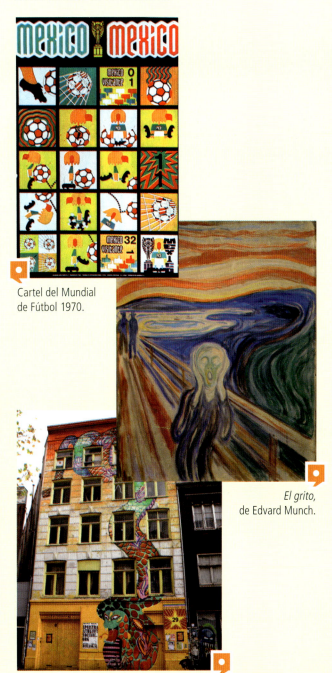

Cartel del Mundial de Fútbol 1970.

El grito, de Edvard Munch.

Graffiti.

	Emisor	Receptor	Mensaje	Canal	Código
Cartel					
Cuadro					
Grafitti					

02 El color

Las cosas que forman parte del mundo se nos muestran en colores. El color influye en nuestro estado de ánimo y nos ayuda a diferenciar los objetos. En la naturaleza, los animales y las plantas utilizan el color como señal visual. Las cuatro estaciones del año cambian el aspecto cromático del paisaje. Las diferentes coloraciones de la luz del día hacen que la percepción de nuestro entorno sea diferente. A lo largo de la historia, los artistas han utilizado el color para expresar ideas, emociones y sentimientos.

Una tarde de domingo en la isla La Grande Jatte, 1884. Georges Seurat

¿Qué sensaciones o estados de ánimo te transmite este cuadro? Explica qué aspectos de esta imagen son los que motivan dichas sensaciones.

Observa este cuadro de Georges Seurat titulado *Una tarde de domingo en la isla La Grande Jatte*, y luego mira con detalle la ampliación que se muestra. Comenta en grupo cómo son las pinceladas con las que está pintado, y el tipo de colores que utiliza.

01 El color

El **color** es la sensación que la luz produce en el cerebro, cuando es percibida a través del ojo. Se trata de un fenómeno que depende de muchos factores, de los que destacamos dos: la **luz** y la **visión.**

01.1 La luz

La luz visible es un tipo de energía radiante, formada por las ondas electromagnéticas que pueden ser percibidas por el ojo y producir la sensación de visión. Es decir, que dentro del espectro de ondas electromagnéticas, el ojo es sensible a una franja denominada **espectro visible** o **luz blanca.**

Dispersión de la luz

En el siglo XVII, el científico inglés Isaac Newton observó cómo un rayo de luz solar, al atravesar un prisma de cristal, se descomponía en un haz de siete colores: violeta, añil, cian, verde, amarillo, naranja y rojo (los mismos del arcoíris).

Esto sucede porque la luz blanca está formada por la suma de luces coloreadas, que al pasar de un medio a otro de diferente densidad, se separan y se pueden distinguir.

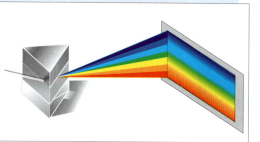

Cuando la luz incide sobre la materia, esta absorbe* parte de las luces coloreadas que recibe y refleja el resto, que son las que aportan el color que presenta dicha materia.

absorción: penetración de los rayos luminosos en una materia opaca.

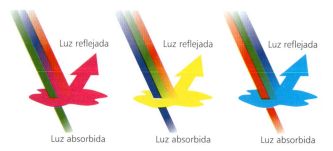

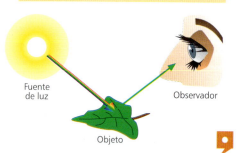

Cuando una hoja es iluminada por la luz blanca, que contiene todos los colores del espectro visible, la hoja los absorbe todos salvo el verde, que es reflejado y llega a nuestros ojos.

01.2 La visión y la percepción del color

La luz que llega a nuestros ojos, ya sea reflejada por un objeto o generada por una fuente luminosa, es procesada y transformada por unas células fotosensibles que se encuentran en la retina. Son de dos tipos y cada una capta diferentes cualidades de la luz:

- **Conos.** Son sensibles a una luz coloreada: los hay al rojo anaranjado, al verde y al azul violeta.

- **Bastones.** Son sensibles a la cantidad de luz que recibe el ojo.

Posteriormente, la información es conducida por el nervio óptico al **cerebro,** órgano en el que se produce la **sensación de color.**

01.3 El color luz y la síntesis aditiva

El **color luz** es el emitido por una fuente luminosa primaria como puede ser el Sol, un foco o una pantalla de televisión o de ordenador.

Hemos visto que la luz blanca se compone de luces coloreadas. De estas, hay **tres** que se denominan **colores luz primarios:** el rojo anaranjado, el verde y el azul violeta (se corresponden con el color al que son sensibles los tres tipos de conos que hay en la retina). Decimos que son primarios porque sumándolos entre sí en distintas proporciones podemos obtener todos los demás colores.

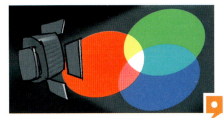
Colores luz primarios.

Síntesis aditiva

- Al sumar dos luces primarias, obtenemos los **colores luz secundarios:** amarillo, magenta y cian.
- La suma de las tres luces primarias da luz blanca.
- La mezcla de los **colores luz** recibe el nombre de **síntesis aditiva**. Esto se debe a que cuantas más luces coloreadas sumemos, más se aclarará el color resultante, pues en realidad habremos añadido luz.

01.4 El color pigmento y la síntesis sustractiva

Denominamos **color pigmento** al color que presenta la materia, es decir, al color reflejado por los objetos.

Los pigmentos son sustancias colorantes en forma de polvo fino, que pueden ser de origen natural o artificial. Se utilizan para pintar, colorear o teñir los objetos. Para ello, primero hay que prepararlos con otros componentes, que variarán en función del tipo de pintura y del uso al que se destine.

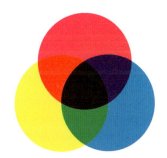
Colores pigmento primarios.

Síntesis sustractiva

- Los **tres colores pigmento primarios** son el amarillo, el magenta y el cian. Cuando mezclamos estos colores surgen otros nuevos. Al sumar dos colores pigmento primarios, obtenemos los **colores pigmento secundarios:** rojo anaranjado, verde y azul violeta.
- La suma de los tres colores pigmento primarios da un color que se acerca al negro.
- Esta mezcla se denomina **síntesis sustractiva**, porque cuantas más pinturas de colores añadamos, más se oscurecerá el color resultante. Esto se debe a que hemos restado luz a la pintura, es decir, que refleja menos luz.

02 La clasificación y las características del color

Los colores se pueden clasificar en función de diferentes características.

02.1 Las características del color

Las características del color son los atributos que permiten distinguir un color de otro, así como clasificarlos y ordenarlos. Estas son las características de los colores:

- El **tono** o **matiz** es el nombre con el que nos referimos al color.

- La **saturación** es su grado de pureza. Un color está más saturado cuanto menos mezclado está con otros colores. Los colores con saturación nula son los acromáticos, es decir los grises, el negro y el blanco.

- La **luminosidad** o **valor** es el grado de claridad u oscuridad del color.

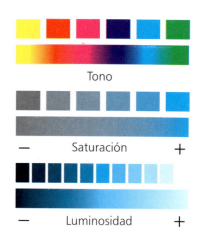

02.2 La clasificación básica del color: el círculo cromático

Durante mucho tiempo, científicos, filósofos y artistas han investigado para desarrollar métodos de organización de los colores recurriendo a figuras como triángulos, cuadrados, hexágonos o círculos. La forma más sencilla de ordenar los colores **por su tono o matiz** es a través del círculo cromático.

Los **colores primarios** (amarillo, magenta y cian) están situados en los vértices de un triángulo equilátero. **a**

Cada uno de los **colores secundarios** (rojo anaranjado, verde y azul violeta) se encuentra en medio de los dos colores primarios que lo forman. **b**

Los **colores complementarios** son aquellos que se sitúan en extremos diametralmente opuestos del círculo cromático. **c**

Los complementarios de los colores primarios son los secundarios en cuya composición no participan:

Amarillo → su complementario es el azul violeta.

Magenta → su complementario es el verde.

Cian → su complementario es el rojo anaranjado.

Mezclados en una cierta proporción conducen al negro.

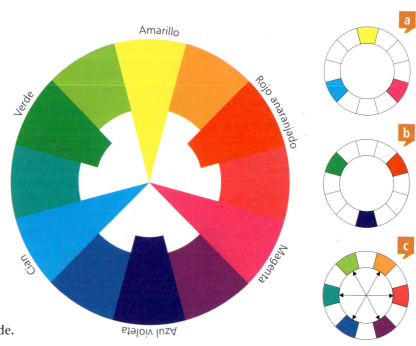

El círculo cromático pigmento.

03 Las combinaciones entre colores

Cuando hablamos de combinar colores lo que pretendemos es conjuntar colores que funcionen bien entre sí.

Las combinaciones pueden ser de dos tipos: por **armonía** o por **contraste.**

03.1 La armonía

Las combinaciones armónicas son aquellas que se basan en el **parecido** de las características de los colores.

Armonía de colores análogos

Está compuesta por aquellos colores que se encuentran próximos en el círculo cromático. Los colores análogos participan de un color común debido a su relación de vecindad en el círculo cromático.

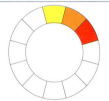

Armonía monocromática

Está compuesta por un único tono y por sus variaciones de luminosidad y saturación. Es decir, por sus mezclas con el blanco, el negro y el gris.

Armonía de temperatura

Es aquella armonía en la que predominan o bien los colores cálidos, o bien los fríos. Estos colores pueden ser puros (saturados) o pueden estar rebajados con blanco, negro o gris.

03.2 El contraste

Las combinaciones de contraste son aquellas basadas en la **diferencia** entre las características de los colores.

Contraste de complementarios

Está formado por pares de colores opuestos en el círculo cromático y, por tanto, se basa en la máxima diferencia de tono.

Contraste de temperatura

Es aquel en el que se combinan colores cálidos y fríos.

04 El lenguaje del color

Al igual que otros elementos visuales, el color puede ayudar a construir el **significado de una imagen.** Debido a que posee características propias, es capaz de generar por sí mismo un lenguaje altamente comunicativo y expresivo.

Este lenguaje cromático puede estar basado en factores psicológicos, culturales y simbólicos.

04.1 El color psicológico

Aunque los humanos percibimos el color de forma similar, cada uno de nosotros lo interpreta de manera diferente.

La mayor parte de las cualidades del color se relacionan con el **entorno** en el cual existen y son interpretadas a través de la **experiencia** del observador. De este modo, cuando percibimos un color, este nos transmite sensaciones:

- Percibimos los colores rojo, naranja y amarillo como **cálidos,** quizás debido a su relación con el fuego y la luz del sol.
- Los colores verde, azul y violeta se perciben como **fríos,** quizás debido a su relación con el cielo y el agua.

Esto posibilita una clasificación del color en función de la temperatura: **colores cálidos** y **colores fríos.**

La emoción que transmite el color

El color produce en nosotros **emociones** e influye en nuestro estado de ánimo:

- Decimos que los **colores cálidos** son luminosos, alegres o divertidos.
- Los **colores fríos** nos transmiten tranquilidad, seguridad, calma, tristeza o melancolía.

Las **combinaciones armónicas** de colores pueden sugerir tranquilidad, equilibrio o elegancia. Sin embargo, las **combinaciones de contraste** evocan sensaciones de dinamismo, movimiento, inestabilidad, sorpresa o atención.

Madame Camus, de Edgar Degas. El pintor empleó colores cálidos en esta obra para reflejar el ambiente intimista y la calidez de los interiores iluminados con luz incandescente.

La vida, de Pablo Ruiz Picasso. El pintor malagueño recurrió a colores fríos para expresar la soledad y la tristeza de los marginados de la sociedad.

04.2 El color cultural o simbólico

El **color cultural** tiene que ver con los **significados** que se otorgan a los diferentes colores dependiendo de la cultura a la que se pertenece.

Hay colores cuyo significado es compartido por varias culturas, como el rojo, que connota peligro en muchas de ellas. Pero otros colores se interpretan de manera diferente; por ejemplo, en occidente, muerte y luto se asocian con el color negro y, en cambio, en oriente, el color de duelo es el blanco.

Estos códigos se forman al asignar a un color un valor o un significado, que todos los miembros de una cultura determinada reconocen de forma universal.

Un ejemplo de estos **códigos cromáticos** es, en la actualidad, el de los semáforos. La luz roja nos prohíbe pasar, mientras que la verde permite el paso.

El color puede crear también un sentido de **identidad** y **comunidad,** como sucede entre organizaciones, corporaciones y otras entidades para mostrar y dar a conocer sus propios valores.

El código cromático empleado en los semáforos es universalmente reconocido.

ONU

La Organización de las Naciones Unidas (ONU) utiliza en las misiones de paz el color azul en su emblema y bandera, así como en los cascos y boinas de sus militares.

Bandera olímpica

Esta bandera está compuesta por cinco anillos entrelazados de colores azul, negro, rojo, amarillo y verde, sobre fondo blanco. Con ello, el Comité Olímpico Internacional (COI) quiere representar la universalidad de los Juegos. Esta idea se basa en que al menos uno de los cinco colores de los anillos, o el blanco del fondo, se encuentra en todas las banderas del mundo.

El lenguaje del color se aplica en campos tan diversos como el arte, la industria, la arquitectura, el diseño, el cine o la publicidad, porque se conoce su potencial para comunicar. Es una de las herramientas visuales más útiles para articular los niveles denotativo y connotativo de las imágenes. Es un lenguaje dentro de otro lenguaje más complejo, el visual.

El uso adecuado del color en estas disciplinas permite, por ejemplo:

- Destacar un elemento del resto, ya sea un personaje, un objeto o un producto que se quiera vender.

- Provocar sentimientos y emociones en el espectador respecto al elemento destacado o al ambiente creado.

- Fijarlo en la memoria, para que se recuerde y reconozca.

02 El color

EXPLORA EL ARTE

El color en el arte: el impresionismo

A finales del siglo XIX, un grupo de pintores que trabajaban en Francia formaron una nueva escuela de pintura. Crearon un estilo en el cual **el color era más importante que el propio dibujo** y que evitaba el uso de tonos oscuros.

Estos artistas **trataban de reflejar las impresiones de lo que percibían sus ojos.** Trabajaban al aire libre para captar los colores que los cambios de luz producían sobre las personas y los objetos.

El origen del nombre del impresionismo

El cuadro *Impresión, sol naciente* (1873), de Claude Monet, dio nombre al estilo impresionista.

Esta obra formaba parte de la primera exposición que, en 1874, se realizó en París con cuadros del grupo de pintores que empezaban a trabajar con este estilo.

La exposición escandalizó al público y a los críticos, que irónicamente llamaron «impresionistas» a los miembros de ese grupo.

En las páginas web del museo Sorolla de Madrid y del museo de Bellas Artes de Valencia podrás profundizar en la obra de Joaquín Sorolla.

http://museosorolla.mcu.es/

http://www.cult.gva.es/mbav/data/es06127.htm

Impresión, sol naciente, de Claude Monet.

Autorretrato, Joaquín Sorolla.

Joaquín Sorolla

El valenciano Joaquín Sorolla y Bastida (1863-1923) es conocido como el maestro español de la luz. Fue gran admirador de los pintores impresionistas franceses y, al igual que ellos, trabajó directamente en contacto con la naturaleza.

El mar Mediterráneo, con su luz y sus colores, fue su entorno predilecto y el fondo de sus pinturas, que representan escenas cotidianas de niños jugando en la orilla, pescadores...

02 El color

LECTURA DE LA IMAGEN

LECTURA OBJETIVA

Fondo de mar

El mar es el paisaje preferido de Sorolla. El fondo del mar, con sus azules luminosos, es testigo del baño de los niños y del paseo de las pescadoras.

Luz

Los efectos de la luz natural están definidos por las amplias pinceladas de blanco pintadas contra los violetas y azules de las sombras, que contrastan fuertemente con los tonos anaranjados de las zonas iluminadas.

Ficha técnica

Autor:	Joaquín Sorolla y Bastida (1863-1923)
Título:	*Pescadoras valencianas*
Año:	1915, Valencia
Tamaño:	201 × 133 cm
Técnica:	óleo sobre lienzo
Colección:	Museo Sorolla, Madrid

Color

Sorolla utiliza el recurso de generar contrastes entre colores **cálidos** y **fríos**.

Los colores que predominan en su paleta son: blancos, negros, amarillos, anaranjados, rojos, verdes, pardos, violetas y azules.

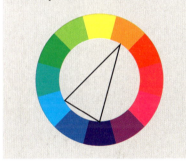

LECTURA SUBJETIVA

En este cuadro, Sorolla pinta una escena cotidiana donde los niños se bañan en el mar y las pescadoras caminan por la orilla.

El sol se refleja en el agua, en los cuerpos desnudos de los niños y en los vestidos de las mujeres. Los colores vibran. Los amarillos, verdes, azules cobaltos y ultramares contrastan entre sí. Los blancos intensos brillan en las crestas de las olas y en los vestidos de las mujeres.

Las sombras, que no son de carácter opaco sino transparente, están pintadas con gran variedad de violetas y marrones, enriqueciendo la visión de la escena.

Los violetas y azules sugieren la fresca brisa del mar, frente a los amarillos y anaranjados que muestran el cálido reflejo de la suave luz del sol.

Vemos cómo las pescadoras pasean apaciblemente sobre la cálida arena dorada. Percibimos la frescura de la brisa que mueve sus ropas, el olor a mar, al tiempo que disfrutamos de la tranquilidad y la luz del Mediterráneo.

02 El color
TÉCNICAS ARTÍSTICAS

La témpera

La témpera es una **técnica de pintura al agua,** es decir, que puede diluirse en agua. Se compone de pigmento, agua y goma arábiga (o adhesivos sintéticos). Se trata de una pintura pastosa que hay que diluir para poder trabajarla sobre papel.

Características

- Los colores de témpera son cubrientes y opacos, por lo que una vez seco, a un color se puede superponer otro, ya que es una técnica de secado rápido.

- Para aclarar u oscurecer su tono, utilizamos el blanco o el negro respectivamente, pero hay que tener en cuenta que al secarse los colores se aclaran.

- El acabado presenta una textura uniforme, por lo que se ha utilizado frecuentemente para realizar carteles e ilustraciones.

Materiales
- Pincel suave para extender la témpera diluida en agua.
- Papel especial. De acuarela, *basik* o cartón.

Procedimientos

- **Con la témpera muy diluida** en agua se consiguen capas transparentes parecidas a la acuarela. Podemos dejar que el primer color se seque o podemos poner otro en húmedo para que ambos se mezclen, produciendo unas manchas llamadas «aguas».

- **Con la témpera poco diluida** el resultado es más pastoso y las manchas de color tienen más presencia.

Obra: *Divan japonais.* Toulouse-Lautrec.
Técnica: Litografía y original en témpera.

En este cartel se ha utilizado témpera muy diluida para el fondo, mientras que las figuras en primer plano son opacas debido al uso de la témpera poco diluida.

ACTIVIDADES

1. Realiza una composición en la que se superpongan triángulos, cuadriláteros y circunferencias. Después, coloréala utilizando témpera poco diluida en agua y comprueba así sus características cubrientes.

2. Haz otra composición similar utilizando ahora témpera muy diluida en agua y comprueba cómo funciona, en este caso, la transparencia y la superposición de colores.

Saber utilizar las témperas nos ayuda a realizar bocetos y composiciones artísticas de colores uniformes, sin variaciones de texturas.

PROPUESTAS DE TRABAJO

1. Recorta varios trozos de papel de seda o de celofán de colores primarios y pégalos sobre una fotografía en blanco y negro para obtener una composición artística en la que aparezcan mediante la superposición de los papeles de seda, los colores secundarios.

2. Experimenta las variaciones del color luz que puedes realizar con el mando del televisor. Para ello, baja el nivel de saturación del color mediante el botón (color –). Observa cómo, poco a poco, la imagen inicialmente en color va perdiendo saturación hasta quedar totalmente en blanco, negro y grises. Vuelve a realizar el proceso a la inversa pulsando el botón (color +).

3. Busca en la clase combinaciones cromáticas como las estudiadas en esta unidad. Puedes encontrarlas fácilmente en los estampados de estuches, mochilas, camisetas, ropa, etc.

4. Realiza una muestra de imágenes fotográficas tomadas de revistas donde se aprecien claramente las armonías y los contrastes propuestos en esta unidad.

5. Elige tres colores, como el verde, el rojo y el púrpura, y, de cada uno de ellos, busca y anota en tu cuaderno:

   • Dos ejemplos de su uso como color psicológico.

   • Dos ejemplos de su uso como color cultural.

   Con la ayuda del profesor, compara y discute con tus compañeros los resultados obtenidos. Para ello, dibujad una tabla en la pizarra donde iremos incluyendo las aportaciones de cada alumno.

6. Busca otro cuadro de Sorolla. Para ello, puedes recurrir a la página web del museo Sorolla (http://museosorolla.mcu.es) o a la pinacoteca virtual Ciudad de la pintura (http://pintura.aut.org/). Sigue el ejemplo de análisis del cuadro *Pescadoras valencianas* que has visto en el apartado Lectura de la imagen y realiza un estudio similar del color.

05 División de la circunferencia

La **circunferencia** es el lugar geométrico* de los puntos del plano situados a la misma distancia de otro punto, que es el centro de la circunferencia.

La circunferencia se emplea para construir, inscritas en ella, otras figuras como polígonos o trazados ornamentales.

Es una figura geométricamente muy compleja pero que **se trabaja con relativa facilidad.** Por eso, está presente en ámbitos como las matemáticas, la decoración, la arquitectura y el diseño.

La circunferencia es, además, el soporte de muchos de los **sistemas de organización** que utilizamos, como los sistemas de radar, el reloj, la rosa de los vientos (que indica la dirección de los puntos cardinales) y la medida de los ángulos.

lugar geométrico: conjunto de puntos que cumplen una determinada condición geométrica.

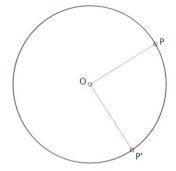

Todos los puntos P están a la misma distancia de O, que es el centro de la circunferencia.

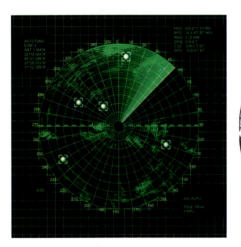
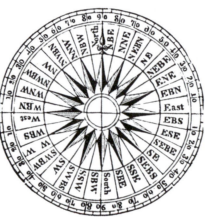

Una forma muy útil

La circunferencia es la forma de una gran cantidad de objetos que nos rodean: los platos, muchas señales de tráfico, las monedas y, por supuesto, las ruedas.

En los tapacubos de las ruedas se utiliza la división de la circunferencia de forma funcional y decorativa buscando distintos aspectos: deportivo, elegante, tradicional…

Conocer la división de la circunferencia es muy práctico para dividir en partes iguales una pizza, una tortilla de patatas o una tarta de cumpleaños.

División de la circunferencia en tres y seis partes iguales

- Trazamos un diámetro AO que corta la circunferencia en el punto **1**.
- Haciendo centro en el punto **1** y con el radio de la circunferencia, trazamos un arco que la corta en los puntos **2** y **3**.
- Los puntos **A**, **2** y **3** dividen la circunferencia en tres partes iguales.
- Haciendo lo mismo desde el punto **A** la dividimos en seis partes.

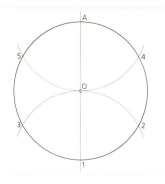

División de la circunferencia en doce partes iguales

- Trazamos dos diámetros perpendiculares entre sí: **AB** y **CD**.
- Como en el caso anterior, hacemos centro en los 4 puntos obtenidos en la circunferencia, es decir, en los puntos **A**, **B**, **C** y **D**, para obtener así la división en doce partes.

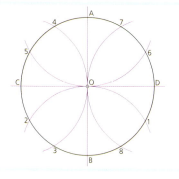

División de la circunferencia en cuatro y ocho partes iguales

- Trazamos dos diámetros perpendiculares que cortan a la circunferencia en los puntos **A**, **B**, **C** y **D**.
- De esta forma, la circunferencia queda dividida en cuatro partes iguales.
- Dibujamos las bisectrices de los cuatro ángulos rectos.
- Una vez hecho eso, obtenemos la división de la circunferencia en ocho partes iguales.

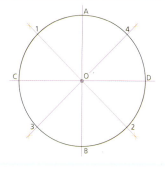

División de la circunferencia en cinco y diez partes iguales

- Trazamos dos diámetros perpendiculares que cortan la circunferencia en los puntos **A**, **B**, **C** y **D**.
- Hacemos la mediatriz del segmento **OD** para obtener el punto **1**.
- Haciendo centro en el punto **1** con radio **1A**, trazamos un arco que corta el radio **OC** en el punto **2**.
- Llevado sobre la circunferencia, el segmento **A2** nos permite dividirla en cinco partes iguales.
- Llevado sobre la circunferencia sucesivamente desde el punto **A**, el segmento **O2** nos permite dividir la circunferencia en diez partes iguales.

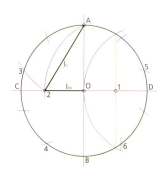

06 Las figuras poligonales

Se llama **polígono** a la **figura cerrada y limitada por segmentos,** que son los lados. Los polígonos pueden ser:

- **Regulares:** cuando es equilátero y equiángulo, es decir, cuando todos sus lados y todos sus ángulos son iguales.

- **Irregulares**: son todos aquellos polígonos que no son regulares.

06.1 Polígonos regulares inscritos en la circunferencia

Se dice que un polígono está inscrito cuando tiene todos sus vértices en la circunferencia.

Los polígonos regulares inscritos **pueden obtenerse a partir de divisiones de circunferencias** como las que hemos visto en el anterior epígrafe. Si sobre la circunferencia se unen los puntos de dichas divisiones, se obtendrán **polígonos regulares inscritos.**

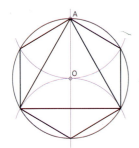
Triángulo equilátero y hexágono.

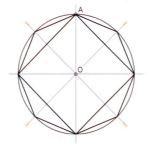
Cuadrado y octógono.

Pentágono y decágono.

06.2 Método general para la división de la circunferencia en partes iguales

Algunos polígonos, como el heptágono y el eneágono, se pueden dibujar utilizando el llamado **método general.** Esta construcción resulta útil para dibujar polígonos con cualquier número de lados, pero es mejor utilizar métodos más precisos.

Trazado de un heptágono regular utilizando el método general

- Dibujamos el diámetro **AB** de una circunferencia y lo dividimos en siete partes iguales (utiliza para ello el teorema de Tales).

- Hallamos el punto C trazando dos arcos desde **A** y desde **B**, cuyo radio sea el diámetro **AB** de la circunferencia.

- La recta que pasa por el punto **C** y por el punto **2** del diámetro corta la circunferencia en el punto **D**.

- El segmento **AD**, llevado consecutivamente sobre la circunferencia, nos permite dividirla en siete partes iguales.

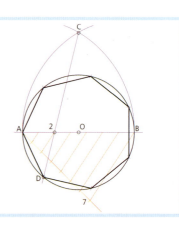

06.3 Polígonos estrellados

A partir de las divisiones de una circunferencia, podemos obtener polígonos regulares estrellados con tantas puntas como divisiones tengamos. Para conseguirlo, hay que unir las divisiones de la circunferencia de forma no consecutiva, es decir, saltando 2, 3 o más puntos. A esta unión alternativa se la llama **paso.**

Los polígonos regulares estrellados se caracterizan por necesitar varias vueltas para completar su recorrido. El núcleo de todo polígono estrellado es el polígono regular del que procede.

Vueltas para completar un polígono.

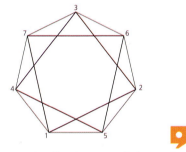

Heptágono estrellado paso 2.

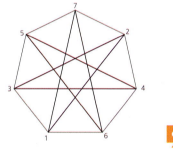

Heptágono estrellado paso 3.

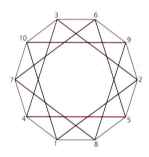

Decágono estrellado paso 3.

Pentágono estrellado

Para dibujar un pentágono estrellado utilizaremos un paso 2. Es decir, a partir de un punto cualquiera A uniremos los vértices saltando de dos en dos hasta llegar al mismo punto.

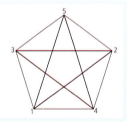

Octógono estrellado

Para dibujar un octógono estrellado, utilizaremos un paso 3, ya que el paso 2 nos conduciría a un falso estrellado.

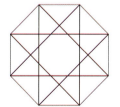
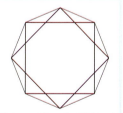

Estrellados de once puntas de distinto paso

La división de la circunferencia en 11 partes iguales nos proporciona cuatro estrellas diferentes. La primera de paso 2 y dos vueltas; la segunda con paso 3 y tres vueltas; la tercera con paso 4 y cuatro vueltas y, por último, la estrella de paso 5 y cinco vueltas.

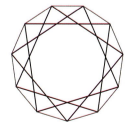
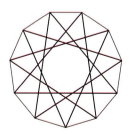

06.4 Polígonos regulares dado el lado

Si queremos construir polígonos regulares con un lado determinado, tendremos que usar otros métodos, teniendo en cuenta que todos sus lados han de ser iguales. En la mayor parte de estos trazados, buscaremos el centro de la circunferencia en la que va a quedar inscrito el polígono.

Hexágono regular de lado AB

- Dibujamos un triángulo equilátero de lado **AB** para obtener el centro de la circunferencia (0) en la que va a quedar inscrito el hexágono.
- El lado **AB**, llevado consecutivamente sobre la circunferencia, nos dará el polígono que buscamos.

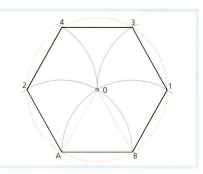

Octógono regular

- Dibujamos el cuadrado de lado **AB** y, utilizando sus diagonales, hallamos el centro.
- Desde este centro, trazamos la circunferencia que pasa por **AB**, que cortará la mediatriz del lado **AB** en **O**, centro de la circunferencia en la que quedará inscrito el octógono.
- El lado **AB**, llevado consecutivamente sobre la circunferencia, nos dará finalmente el polígono.

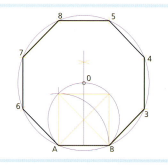

Pentágono regular

- Dibujamos un cuadrado de lado **AB** y con su mediatriz hallamos el punto **1**. Con centro en este punto y radio **1-2**, obtenemos el punto **3** sobre la prolongación del lado **AB**.
- El segmento **A3** es la diagonal del pentágono que, llevada desde **A** y desde **B**, corta en el punto **4**, vértice del pentágono.
- Con la longitud del lado **AB** y haciendo centro en los puntos **B** y **4**, obtenemos el vértice **5**.
- Con la misma longitud y haciendo centro en los puntos **A** y **4**, obtenemos el vértice **6**.

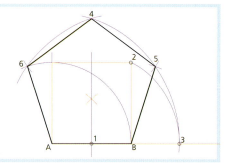

06.5 Método general de construcción de polígonos de seis a doce lados

Con este método, encontramos los centros de las circunferencias que contienen los polígonos sobre la mediatriz del lado, ya que es el lugar geométrico de los puntos equidistantes de los extremos del segmento.

- Dibujamos el hexágono de lado **AB**. El centro **O** y el punto **C**, intersección de la circunferencia con la mediatriz del lado **AB**, definen el segmento **OC**.
- Dividimos **OC** en seis partes iguales. Estas divisiones serán los centros de las circunferencias de los polígonos de siete, ocho, nueve, diez, once y doce lados.

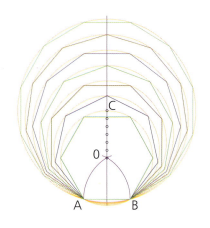

06.6 Trazado de polígonos de lados curvos

A partir de la construcción de cualquier polígono regular se pueden realizar figuras decorativas de lados curvos.

Los polígonos trazados con segmentos curvos se llaman polígonos **curvilíneos** o **lobulados.**

Para dibujar los lados curvos se buscan los centros de los arcos de las circunferencias. Estos centros pueden estar en los vértices del polígono, en los lados o en un punto exterior a él, variando así la curvatura de los segmentos.

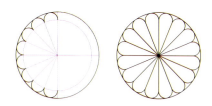

Trazado de polígonos de lados curvos a partir de un hexágono

Lados curvos con centros en los vértices

- Hallamos el punto medio de los lados del hexágono.
- Con centro en cada vértice, trazamos una circunferencia cuyo radio sea la distancia entre el vértice y el punto medio del lado.
- Rellenamos la parte interior del polígono de lados curvos creado para que destaque.

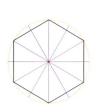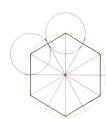

Lados curvos con centros en puntos exteriores

- Sobre el lado del hexágono trazamos dos arcos cuyo radio es su lado y que se van a cortar en un punto.
- Desde ese punto, trazamos un arco del mismo radio por dentro del polígono y hacemos que pase por los extremos del lado.
- Repetimos la operación en cada uno de los lados.

Lados curvos con centros en los vértices y en los lados

- Dividimos el lado del hexágono en cuatro partes iguales.
- Una de estas medidas será el radio de las circunferencias cuyos centros están en los vértices.
- Esta misma medida será el radio de las circunferencias que trazamos desde los puntos medios de los lados del hexágono.
- Con esta construcción podemos elegir trazados distintos obteniendo figuras diferentes.

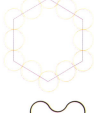

02 El color
EXPLORA EL ARTE

Arte y geometría

El rosetón

El rosetón medieval es una **ventana circular** dotada de vidrieras. En su tracería se empleaban polígonos regulares y estrellados de lados rectos y curvos.

- En la **arquitectura románica,** el rosetón utilizado era habitualmente de pequeño diámetro y escasa decoración. Se solía colocar a modo de óculo* en los laterales de las iglesias, aunque también podían verse rosetones mayores sobre las puertas de ingreso de los templos.

- En la **arquitectura gótica**, los rosetones aumentaron su tamaño y tomaron mayor protagonismo situándose sobre las portadas de las fachadas principales de iglesias y catedrales. Su tracería llegó a alcanzar increíbles grados de complejidad formando auténticas filigranas.

óculo: en arquitectura, ventana o abertura de forma circular u ovalada que sirve para facilitar la entrada de luz.

El rosetón de la catedral de Palma de Mallorca y el color

En la catedral de la capital balear, el arquitecto Antoni Gaudí utilizó un nuevo método para dar color a las vidrieras. Su intención era ensayar para poder repetir la experiencia en la Sagrada Familia de Barcelona.

El método consistía en superponer tres cristales de colores primarios para conseguir los efectos cromáticos deseados.

Rosetón románico.

Rosetón gótico.

Vidriera de la catedral de Palma de Mallorca.

Sol LeWitt

Este artista estadounidense (1928-2007) estuvo ligado a varios movimientos artísticos del siglo XX, entre los que destacaron el arte conceptual y el minimalista. La pintura, el dibujo, la fotografía y la escultura fueron sus medios de expresión artística favoritos, lo que refleja su versatilidad como artista. En sus últimas obras, el artista redujo su lenguaje expresivo a formas geométricas básicas, entre las que empleó polígonos estrellados, y a la utilización de colores primarios y secundarios. Este es el caso de su serie de **tondos,** adornos circulares, del año 2002.

En este vídeo descubrirás el magnífico espectáculo que forman la luz y las matemáticas en el rosetón de la catedral de Palma de Mallorca.

https://www.youtube.com/watch?v=l8aqSQFNGtw

PROPUESTAS DE TRABAJO

1. Busca en libros, revistas, periódicos o internet diseños en los que se aprecien distintas divisiones de la circunferencia. Ordénalos de menos a más divisiones.

2. Localiza imágenes del mundo natural en las que se aprecien divisiones de la circunferencia, como en una naranja o un pomelo cortado. Dibuja las divisiones con un programa de dibujo sobre la imagen digitalizada.

3. Realiza un triángulo equilátero y divídelo en nueve partes iguales. Sitúa los colores primarios en los vértices y los secundarios entre ellos. Completa los triángulos que quedan con la mezcla de los colores que los rodean.

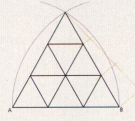

4. Dibuja un «árbol de polígonos».
   - Partiendo de un lado, traza polígonos superpuestos con el método general estudiado. Diferencia con colores degradados los espacios entre ellos.

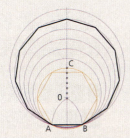

5. Realiza tres tondos pequeños sobre círculos de cartulina y píntalos con rotuladores utilizando colores primarios y secundarios.

6. Realiza un polígono de lados curvos utilizando circunferencias pequeñas con centro en los lados, de manera que se vean algunas partes del polígono original. Haz otro paralelo más grande o más pequeño para poder rellenar con color el espacio entre los dos.

02 El color
MAPAS CONCEPTUALES

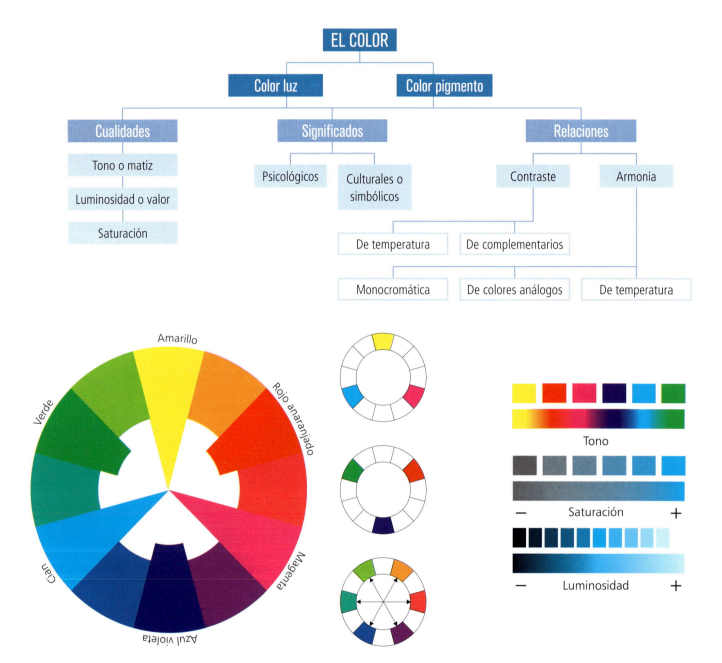

ACTIVIDADES

1. ¿Cuáles son los colores luz primarios?
2. ¿Cuáles son los colores luz secundarios?
3. Enumera y explica las cualidades del color.
4. ¿Qué color produce la mezcla sustractiva de los tres colores pigmento primarios?
5. ¿Cómo pueden ser las combinaciones que se establecen entre colores?

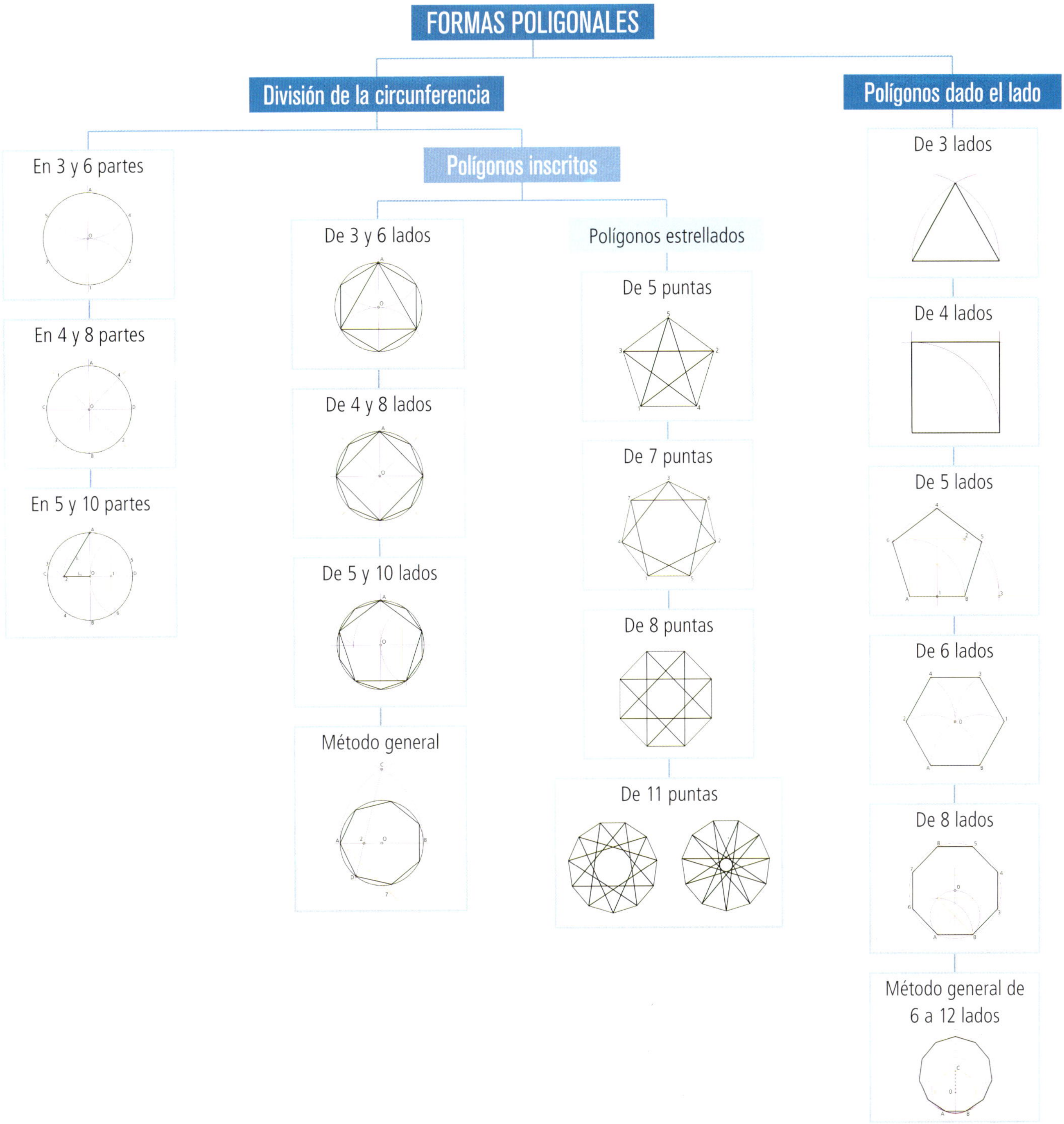

FORMAS POLIGONALES

División de la circunferencia

- En 3 y 6 partes
- En 4 y 8 partes
- En 5 y 10 partes

Polígonos inscritos

- De 3 y 6 lados
- De 4 y 8 lados
- De 5 y 10 lados
- Método general

Polígonos estrellados

- De 5 puntas
- De 7 puntas
- De 8 puntas
- De 11 puntas

Polígonos dado el lado

- De 3 lados
- De 4 lados
- De 5 lados
- De 6 lados
- De 8 lados
- Método general de 6 a 12 lados

ACTIVIDADES

1. ¿Qué se entiende por polígono?
2. ¿Cómo son los lados y los ángulos de los polígonos regulares?
3. ¿Cuándo se dice que un polígono es inscrito en una circunferencia?
4. ¿Cuál es la diferencia entre un polígono regular y un polígono regular estrellado?
5. ¿Qué es un polígono curvo?

02 El color

EVALUACIÓN

1 Divide una circunferencia en doce partes iguales y realiza un círculo cromático aplicando los colores correspondientes. Para poder hacerlo, sigue el método que has aprendido en esta unidad.

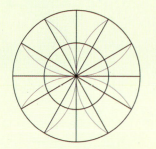 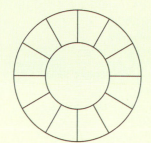

2 Realiza un rosetón diseñando para su tracería polígonos regulares y estrellados de lados rectos y curvos. Los materiales con los que has de realizar esta actividad son cartulina negra, papel celofán o acetatos de colores, pegamento y tijeras.

3 Realiza un *collage* con papeles de colores sobre alguna de las pinturas que aparecen fotografiadas en la unidad. Hazlo invirtiendo los colores, es decir, poniendo el complementario de cada color de la imagen.

Esta actividad puedes realizarla también con el ordenador. Utiliza un escáner para digitalizar la imagen y un programa de retoque fotográfico como Paint para cambiar el color.

4 Dibuja varios polígonos estrellados superpuestos y píntalos de colores: uno con colores armónicos, otro con contrastes y otro a tu libre elección. Aquí te presentamos varios modelos realizados por alumnos que pueden servirte de ejemplo.

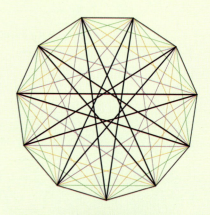

5 A partir del círculo cromático con los doce colores básicos, estos se pueden ampliar hasta los extremos de la escala: blanco y negro. Así podemos obtener una gran variedad de matices.

Aplica témpera opaca, técnica ya explicada en la unidad, a la estrella de color de Johannes Itten que se muestra a continuación. Si utilizas témperas, deberás añadir blanco para aclarar el color y negro para oscurecerlo.

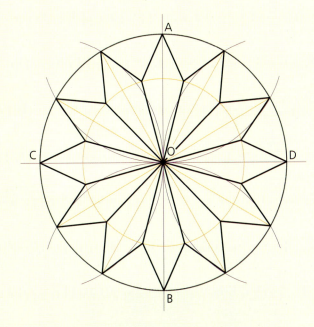

6 Busca, recorta y pega en tu cuaderno imágenes que ilustren los siguientes conceptos relacionados con el color:

- Contraste de complementarios.
- Armonía monocromática.
- Armonía de análogos.
- Armonía de cálidos.
- Una composición que transmita calma y serenidad.
- Una imagen que transmita alegría.

7 Realiza una serpiente multicolor con un grupo de compañeros o bien con toda la clase.

El alumno 1 realizará la cabeza y parte del cuerpo, el alumno 2 enlazará con la serpiente del alumno 1, el alumno 3 con el 2 y así sucesivamente.

El último dibujará la cola, de manera que al juntar todos los papeles obtengáis una serpiente completa.

Rellena tu serpiente según el esquema indicado.

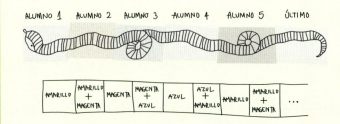

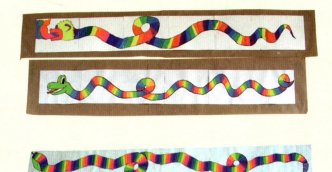

DIARIO DE APRENDIZAJE

¿Se ha correspondido mi interpretación de las imágenes del inicio de la unidad con el contenido que he estudiado en ella?

03 La forma

En este cuadro Picasso representa una mujer sentada en un sillón de color rojo con un estilo muy particular. Es una imagen donde la figura está inspirada en la realidad, pero el artista simplifica la forma y suprime los detalles que no son necesarios para su comprensión.

La imagen posee amplias formas redondeadas y monocromas delimitadas por líneas negras de contorno onduladas.

¿Qué te sugiere este cuadro de Picasso?

¿Qué relación encuentras con el título de la unidad?

Este cuadro de Picasso se titula *El sillón rojo*.

Observa y comenta con tus compañeros el tipo de formas que lo componen.

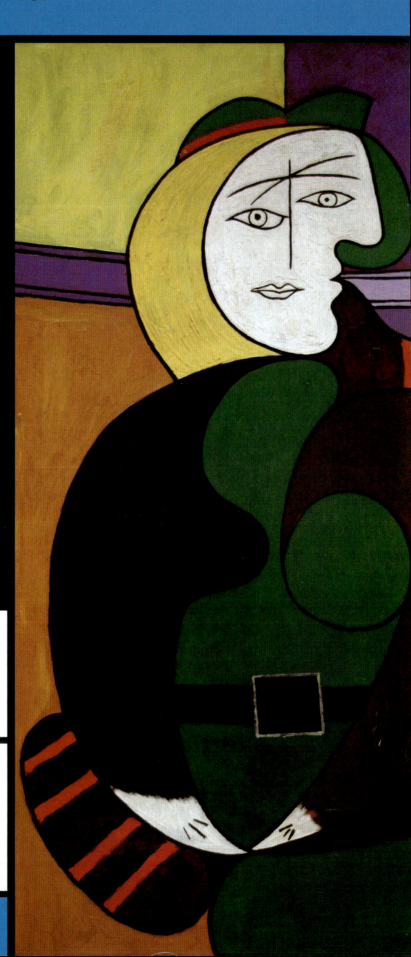

03 La forma — LENGUAJE VISUAL Y PLÁSTICO

01 La percepción visual

01.1 La percepción de la forma

Todo lo que está ante nuestros ojos se convierte en estímulos visuales cuando es percibido por medio del sentido de la vista*. Después, nuestro cerebro organiza dichos estímulos visuales en lo que llamamos «formas».

De este modo, cuando vemos un objeto, apreciamos su **forma**, que es la **apariencia externa** de dicho objeto.

Normalmente los objetos no se nos presentan aislados, por lo que **percibimos** unas **formas en relación a otras.**

Para poder distinguir una forma es necesario que se produzcan diferencias en el campo visual. A estas diferencias las llamaremos **contraste.** Veamos un ejemplo sencillo.

> **percepción visual:** es un proceso por el que la información lumínica captada por el ojo llega al cerebro que la transforma en imágenes o formas visuales.

Contraste alto de luminosidad. La forma de la mano y el óvalo de la cara se distinguen del fondo negro con claridad.

No hay contraste de luminosidad. La forma del cuerpo y el brazo no se distinguen del fondo negro.

Contraste medio de luminosidad. La forma del sombrero se distingue del fondo pero con menos rotundidad.

Tanto estas diferencias, como otros aspectos implicados en la percepción de la forma, han sido estudiados por la psicología. A continuación vamos a ver una de las teorías más conocidas.

01.2 Teoría de la Gestalt

La Gestalt es una escuela de psicología, que surge en Alemania a principios del siglo XX, y que destaca por sus estudios sobre la percepción de la forma (Gestalt en alemán).

Para esta teoría, nuestra mente organiza los estímulos visuales de acuerdo a un principio fundamental según el cual **«el todo es más que la suma de las partes».**

Esto quiere decir que no percibimos cada uno de los elementos que componen el campo visual de manera aislada, sino que los interpretamos en conjunto, organizados en estructuras que reconocemos cuando tienen significado para nosotros.

Esta configuración perceptiva de los estímulos se produce siguiendo unas leyes, cuyo conocimiento nos puede ayudar tanto a diseñar formas, como a detectar situaciones perceptivas anómalas o ilusiones ópticas.

> Pdoemos etnender una fasre si la pirmera y la útlima ltera de cdaa plaabra etsán en la psiocion crroecta. Etso es pquore neustra mente teinde a ver la plaabra etnera y no las prates de las que está compeusta.

01.3 Leyes de organización perceptiva

Todas las leyes de organización perceptiva comparten el **principio general de la pregnancia o de la buena forma.**

Según este principio, de todas las posibles organizaciones de elementos visuales, tendemos a elegir aquellas que tienen más pregnancia. Es decir, las que presentan mayor grado de simplicidad, equilibrio y coherencia estructural, ya que esto facilita su identificación y reconocimiento.

Además, estas leyes giran en torno a dos mecanismos básicos:

1. El **agrupamiento** de elementos visuales inconexos en unidades mayores.

2. La diferenciación entre la **figura** y el **fondo.**

Vamos a ver las leyes más importantes asociadas a cada uno de estos mecanismos. Y aunque se expongan por separado, las leyes funcionan de manera conjunta, por lo que a veces es difícil diferenciarlas.

Las figuras geométricas regulares son las que tienen más pregnancia por su simplicidad, equilibrio y simetría.

Leyes de organización de agrupamiento perceptivo

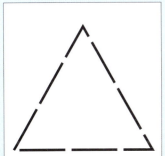

Ley del cierre

Nuestra mente tiende a completar y cerrar las agrupaciones de elementos que generan formas conocidas y sencillas.

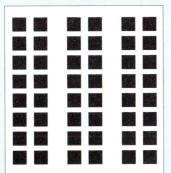

Ley de la proximidad

Los elementos más próximos entre si tienden a percibirse agrupados en una entidad visual.

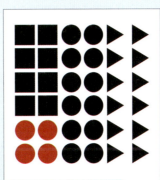

Ley de la semejanza

Los elementos semejantes en alguna de sus características se perciben como agrupados en un misma unidad.

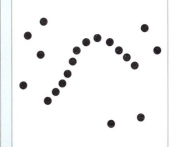

Ley de la buena continuidad y dirección

Los elementos dispuestos de manera continua en la misma dirección se perciben como una entidad visual.

Ley de experiencia

Interpretamos los elementos visuales en función de nuestra experiencia, es decir, según lo que conocemos.

En el cuadro del ejemplo vemos como se combinan las leyes de agrupamiento perceptivo basadas en la experiencia.

Be Doolittle, Pintos (1979).

03 La forma

LENGUAJE VISUAL Y PLÁSTICO

Leyes de organización de figura y fondo

Cuando observamos el mundo que nos rodea, o cuando miramos un cuadro, se establece una jerarquía entre las formas que vemos. Así, en el campo visual, nuestro cerebro distingue dos zonas separadas por un contorno:

- Una acotada, que es la **figura**. Es la que tiene más importancia.
- Otra infinita, que es el **fondo**.

Ley del contraste
Las zonas que más destacan por contraste del resto del campo visual se perciben como figuras.

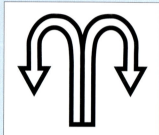

Ley de la simetría
Percibimos mejor como figuras las que presentan simetría. En el ejemplo interpretamos el conjunto como una unidad simétrica en lugar de sus partes por separado.

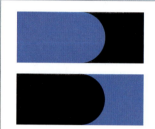

Ley de la concavidad y convexidad
Tendemos a interpretar como figura las áreas convexas, más que las cóncavas.

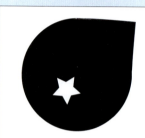

Ley del tamaño relativo
Se perciben mejor como figuras aquellas áreas de menor tamaño, respecto de las de mayor tamaño.

A partir de estas leyes, encontramos que los **factores** que **determinan** la **figura** en el **campo visual** son:

Posición
La figura parece estar delante del fondo.

Compacidad
La figura parece más compacta que el fondo.

Contorno
El contorno parece pertenecer a la figura y no al fondo.

Reconocimiento
La figura es más reconocible que el fondo.

Significado
La figura tiene más significado para nosotros que el fondo.

Caspar David Friedrich, *El caminante sobre el mar de nubes* (1817-1818) Kunsthalle, Hamburgo.

Forma positiva y negativa

De la organización de figura y fondo se derivan otros conceptos. Uno de los que ha sido utilizado por psicólogos y artistas para crear ambigüedades visuales, es el de considerar la **figura** como **positiva** o **negativa.**

Forma positiva
La figura se percibe como un espacio ocupado.

Forma negativa
La figura se percibe como un espacio vacío, rodeado de espacio ocupado.

Cuando en una imagen aparecen combinadas formas positivas y negativas, ambas dotadas de significado y que comparten el contorno, se produce un **juego visual** por el cual **la misma zona puede intercambiar** sus **valores** de **figura** y de **fondo.** Todo depende de en qué área centremos nuestra atención.

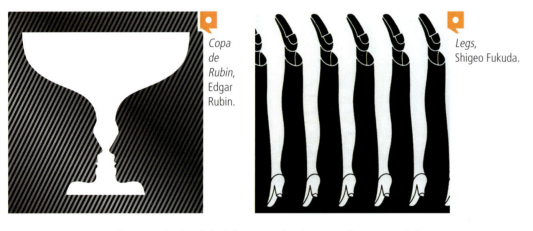

Copa de Rubin, Edgar Rubin.

Legs, Shigeo Fukuda.

Dalí juega en esta obra con la dualidad figura y fondo entre la escena del mercado y el busto de Voltaire que aparece en el centro.

Mercado de esclavos, Salvador Dalí.

02 Elementos de la forma

Las **formas** están **constituidas** por **elementos visuales básicos:** punto, línea, plano y volumen. Estos elementos a su vez tienen una forma y una dimensión compositiva y expresiva que ha sido empleada por los artistas a lo largo de la historia.

Punto

Un **punto** es la **unidad mínima de expresión visual.** Solemos asociar la forma del punto a la de un círculo, pero en realidad puede tener cualquiera siempre que sea simple y pequeña en relación al resto de elementos próximos.

Lujo, calma, voluptuosidad, de Henri Matisse. En esta obra las formas están construidas por puntos con forma.

Línea

Una **línea** es el **resultado de unir dos o más puntos** que están próximos. Puede ser una marca continua, una serie de líneas cortas o dos puntos separados conectados visualmente por su similitud y proximidad. La línea también tiene una forma, que viene dada por su anchura, por el tipo de trazo o por el instrumento con el que se ha realizado.

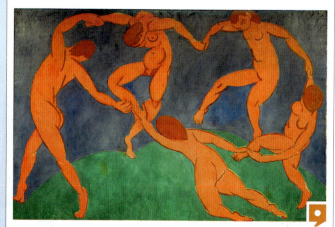

La Danza de Henri Matisse. En esta obra las figuras están delimitadas por líneas visibles.

Plano

Gráficamente es un **área limitada por líneas**, o por un cambio de alguna **de las cualidades de la forma** como el color o la textura. El plano siempre se representa asociado a una forma y un color.

Desnudo azul, de Henri Matisse. Aquí apreciamos las formas planas de color por contraste con el fondo.

Volumen

El **volumen** está **limitado por planos** y ocupa un **lugar en el espacio tridimensional.** En cambio, en representaciones planas se refiere a la **ilusión** de la forma tridimensional en una superficie bidimensional.

Mujer leyendo, de Henri Matisse. El pintor recrea la ilusión de la forma tridimensional.

03 Características de la forma

Todas las formas presentan **características visuales** que **permiten** y determinan su **identificación.** Estas características visuales son:

- **Estructura o configuración.** Es la organización interna de la forma, que condiciona su apariencia externa. Si se altera la estructura se altera la propia forma.

- **Tamaño.** Siempre hay que considerar el tamaño de una forma en relación con el de otra conocida, o bien respecto al observador.

- **Textura.** Es la característica de las superficies por la cual atribuimos sensaciones táctiles a las formas, como son suavidad o aspereza, lisura o rugosidad, etc. Se produce por la repetición de los elementos que constituyen la superficie. La textura es por lo tanto una característica tridimensional, que se percibe por el tacto y también por la vista, ya que vemos los elementos repetidos que generan la sensación táctil. Pero también podemos hablar de textura estrictamente visual cuando los elementos repetidos son representaciones en una superficie bidimensional.

- **Color.** Es inseparable del concepto de forma, pues lo que permite percibir la forma son diferencias de luminosidad, matiz o saturación entre la figura y el fondo, o respecto a otras formas.

- **Contorno.** Es la línea externa que delimita la forma. Junto a él surgen otros conceptos asociados como son el dintorno y la silueta.

Homúnculo, 1960, de Manolo Millares. El artista canario potencia las características táctiles de sus cuadros mediante el uso de arpilleras. Ejemplo de textura táctil y visual.

Contorno

Es la línea que delimita y distingue la forma del fondo.

Dintorno

Es el interior de la forma que queda definido por el contorno.

Silueta

Es la superficie monocroma que encierra el contorno.

Op-art o Arte Óptico

El Arte Óptico fue un movimiento artístico de los años 60 que investigó las ilusiones ópticas mediante la repetición de elementos en composiciones abstractas.

En la obra *Fisión*, de Brigdet Riley, la artista consiguió una textura visual a través de la repetición del punto.

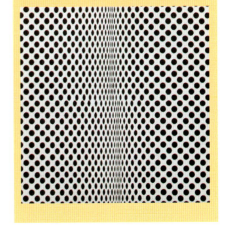

- **Posición.** Se refiere al lugar que cada forma ocupa en el espacio, ya sea en relación al soporte, a otras formas o respecto del observador.

  Así, decimos que una forma está arriba o abajo, a la derecha o a la izquierda, cerca o lejos.

04 Clasificación de las formas

Las formas pueden ser bidimensionales o tridimensionales.

- **Bidimensionales.** Son formas planas, definidas por su altura y anchura.
- **Tridimensionales.** Son formas definidas por su altura, anchura y profundidad.

Pero además, las formas se pueden clasificar en función de otros **criterios:**

Formas naturales y artificiales

Hojas de acanto naturales.
Las formas naturales son aquellas que tienen su origen en el mundo natural, como los animales, los minerales y los vegetales.

Las formas artificiales son aquellas creadas por el ser humano.
Además de los objetos industriales hay que recordar que una pintura, una escultura o un dibujo también son formas artificiales.

Formas orgánicas y geométricas

Silla Panton, de Verner Panton.
Las formas orgánicas son de apariencia ondulada o fluida. Se inspiran en la naturaleza, sobre todo en el mundo vegetal y animal.

Silla Zig-zag, de Gerrit Rietveld.
Las formas geométricas son de apariencia rígida o matemática. Se inspiran en el mundo inorgánico (estructuras cristalinas de minerales, rocas y copos de nieve).

Formas cerradas y abiertas

Ícaro, de Henri Matisse.
Las formas cerradas son aquellas que tienen su línea de contorno cerrada, lo que las delimita y separa claramente del fondo.

Jardín seco, de Fernando Zóbel.
Las formas abiertas son aquellas cuyo contorno es discontinuo o no se distingue con claridad, de tal modo que se integran en el fondo o quedan cortadas por los bordes del soporte.

Formas figurativas y abstractas

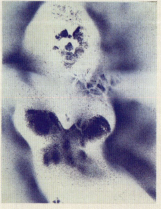

Antropometría, de Yves Klein.
Las formas figurativas son aquellas que se parecen o recuerdan a un objeto de la realidad exterior, o permiten reconocerlo.

Antropometría: princesa Helena, de Yves Klein.
Las formas abstractas son aquellas que, creadas por la imaginación, no se parecen a ningún objeto de la realidad exterior, ni permiten reconocerlo. Su interpretación depende del autor y del observador.

05 Relaciones entre formas

Cuando hay dos o más formas, las relaciones que se establecen entre ellas pueden ser de distintos tipos, tal y como se ve en el siguiente esquema.

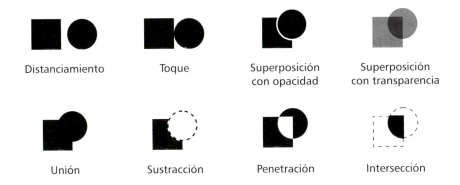

| Distanciamiento | Toque | Superposición con opacidad | Superposición con transparencia |
| Unión | Sustracción | Penetración | Intersección |

Cuando estas relaciones se producen, se generan nuevas formas más complejas. Pero la complejidad aumenta todavía más cuando se utilizan figuras de distintos colores.

 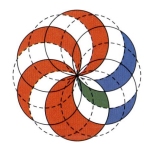 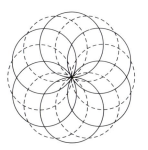

> **Shigeo Fukuda** realizó este diseño utilizando 11 círculos que giran alrededor de un punto fijo. Las principales relaciones que se establecen son de sustracción alterna.

Cualquier forma se puede interpretar como el resultado de las relaciones entre formas más sencillas. Aunque no siempre es fácil realizar este análisis.

Si relacionamos formas orgánicas entre sí, o formas orgánicas con formas geométricas, el resultado puede ser impredecible.

Relaciones complejas entre formas

Relación entre formas geométricas

Ctesiphon III, de Frank Stella. En esta pieza las figuras geométricas se generan por las relaciones entre las circunferencias y sus sectores circulares.

Relación entre formas orgánicas

Before the Snow, de Paul Klee. El árbol es el resultado de las relaciones que se establecen entre las distintas formas orgánicas.

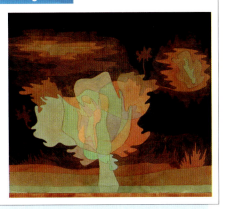

06 Simplificar la forma

Una forma compleja se puede simplificar hasta reducirla a su mínima expresión. Podemos convertirla en cualquiera de las figuras geométricas básicas (triángulo, cuadrado o círculo) o en cualquiera de los elementos que componen la forma (punto, línea, plano, volumen).

En el ámbito del arte o en el del diseño, es frecuente realizar procesos de simplificación de un objeto de la realidad. Esto se hace para adecuarlo a distintos usos o funciones, como sucede en el diseño de pictogramas, logotipos o en la creación de imágenes artísticas. Vamos a ver algunos ejemplos.

En el campo del **arte**:

El toro de Pablo Ruiz Picasso

Entre el 5 de diciembre de 1945 y el 17 de enero de 1946, Picasso trabajó en esta serie de litografías.

A partir del boceto de un toro realizó una **representación** más **detallada** y **realista**.

Después inició un proceso de **búsqueda de la geometría** de las formas en la representación del toro.

En cada dibujo la **geometrización conduce** a una **simplificación** formal progresiva.

El dibujo termina reduciéndose a unas pocas líneas, que recogen no obstante, la esencia del animal representado.

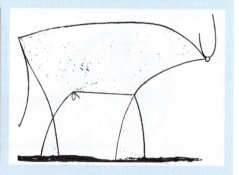

En el ámbito del **diseño**:

Logotipo de Shell

A mediados del siglo XX, el diseñador estadounidense Raymond Loewy rediseñó, entre otros, el logotipo de la empresa petrolera Shell, cuya evolución a través del tiempo se ha basado en la simplificación geométrica de la forma.

1900   1930   1948

1955   1961   1971

A pesar de que hasta 1961 el diseño del logotipo ya se había ido simplificando, este no era aun suficientemente legible o reconocible a distancia para los conductores de las autopistas.

Por ello, en 1967, la compañía petrolífera pidió a Loewy que rediseñase el logotipo con la concha.

El diseñador y su equipo realizaron extensos estudios y pruebas con prototipos, es decir, que construyeron modelos del diseño aplicado a las estaciones de servicio, con el fin de demostrar su viabilidad y eficacia. Finalmente, Shell lanzó en 1971 el nuevo diseño de su imagen de marca.

Este rediseño se fundamentaba, entre otros aspectos, en la **simplificación geométrica** de la **concha** y de la **tipografía** del logotipo.

Al tratarse de una forma geometrizada, era mayor su grado de simplicidad, equilibrio y coherencia estructural, es decir, que era una forma con más **pregnancia**, y por lo tanto, más fácil de reconocer y de recordar, tal y como hemos visto en el apartado de las leyes de la Gestalt.

En ambos casos de simplificación de la forma, tanto en la obra de Picasso como en el logotipo de Raymond Loewy, se produjo una **pérdida** progresiva del grado de **iconicidad** en la representación.

Es decir, en cada paso de simplificación se redujo el grado de semejanza con el referente.

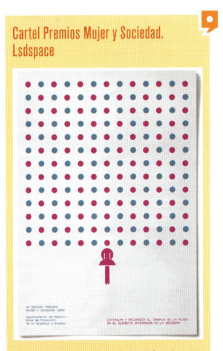

Cartel Premios Mujer y Sociedad. Lsdspace

En este cartel la forma simplificada, que mantiene una débil vinculación con la figura humana, hace referencia al género femenino.

El círculo, que representa la cabeza de la mujer, es la forma que integra a todos los **elementos que construyen el cartel.**

03 La forma

EXPLORA EL ARTE

La abstracción en el arte: el suprematismo

La **abstracción** supone abandonar la reproducción fiel de la naturaleza hasta renunciar totalmente a representar los objetos.

El **suprematismo** fue una corriente de arte abstracto que se desarrolló en Rusia entre 1915 y 1923.

Fue iniciada por Kazimir Malevich, quien denominó a su arte «suprematismo» porque, en él, el sentimiento se encontraba por encima del mundo material y objetivo. Rechazaba el arte figurativo, basado en la representación realista de las cosas, y buscaba el sentimiento puro, no objetivo, por medio de la abstracción geométrica.

En las páginas webs del Museo de Arte Moderno de Nueva York y del Museo Hermitage de San Petersburgo podrás profundizar en la obra de Kazimir Malevich.

http://moma.org/collection/artist.php?artist_id=3710

http://www.hermitagemuseum.org/fcgi-bin/db2www/quickSearch.mac/gallery?selLang=English&tmCond=Malevich

* Suprematismo dinámico, 1916

En este cuadro expuesto en el Museo Estatal de Rusia de San Petersburgo, Malevich dispone formas de colores planos en grupos que flotan sobre el fondo blanco como figuras que construyen un universo.

La imagen presenta el dinamismo propio de la vida moderna. Una sensación de energía definida por campos de fuerza que atraen a los elementos y los dispersan.

Kazimir Malevich

Kazimir Malevich (1878-1935), como hemos dicho, fue el artista ruso padre del suprematismo.

Consideraba que la pintura debía ser producto de formas geométricas de colores puros: rectángulo, triángulo, círculo y cruz. Su obra introduce un cambio en el arte moderno. Propone la no objetividad y trata de liberar a la pintura del peso de la tradición figurativa.

Su obra *Cuadrado negro*, de 1913, supone el origen de esa liberación que le permite al autor dar un paso en la representación del universo del hombre sin someterse a las formas naturales.

Autorretrato, Kazimir Malevich, 1933

03 La forma
LECTURA DE LA IMAGEN

LECTURA OBJETIVA

La imagen representa un cuadrado negro centrado que contrasta sobre un fondo blanco que deja ver pequeños márgenes a los cuatro lados.

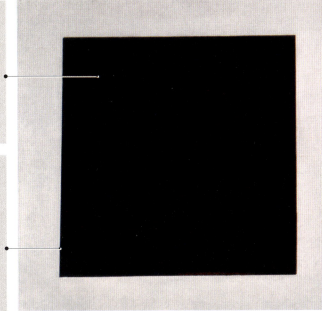

Color negro

Malevich en este cuadro elimina el color. El negro es profundo a pesar de ser plano y no tener perspectiva.

Forma pura

El cuadrado representa la abstracción total, sin objetos.

Para Malevich, encarna una forma pura imposible de encontrar en la naturaleza. Es tan simple, que no recuerda a nada de lo que pertenece al mundo real.

 Ficha técnica

- **Autor:** Kazimir Malevich (1878-1935)
- **Titulo:** *Cuadrado negro*
- **Año:** versión repintada de 1929 (original de 1913)
- **Tamaño:** 79,5 x 79,5 cm
- **Técnica:** óleo sobre lienzo
- **Colección:** galería estatal

La obra para el autor y para la crítica

«Cuando en el año 1913, en un desesperado intento de liberar al arte de la rémora de la objetividad me refugié en la forma cuadrada y expuse una tela que no tenía otra cosa que un cuadrado negro sobre fondo blanco, los críticos, y con ellos el público, dijeron: 'todo lo que amamos ha desaparecido. Estamos en un desierto…¡Ante nosotros no hay otra cosa que un cuadrado negro sobre un fondo blanco!".»

MALEVICH, K.: «*Suprematismo*», *Teorías del arte contemporáneo. Fuentes artísticas y opiniones críticas*, Akal, Madrid,1995, p. 367.

LECTURA SUBJETIVA

Cuando Malevich pinta este cuadro, Europa vive los momentos de agitación previos a la Primera Guerra Mundial. El autor busca una imagen que proporcione una visión nueva del arte para una nueva época.

La obra surge cuando Malevich tapa la pintura que está desarrollando hasta ese momento y decide realizar una forma geométrica, un cuadrado negro. El cuadrado representa la abstracción total, sin objetos.

Malevich quiere borrar los objetos de la naturaleza, para ello reduce la imagen a lo mínimo. Es una obra que se opone a la tradición del arte occidental, basado en la representación natural y figurativa, y en la simulación del espacio y la profundidad.

La obra es un espacio abierto a la subjetividad del artista y del espectador. Un espacio estático y en equilibrio.

03 La forma
TÉCNICAS ARTÍSTICAS

El estarcido o esténcil

El **estarcido** es una técnica artística que consiste en pintar sobre distintos materiales utilizando una plantilla.

Saber utilizar el estarcido nos ayuda a realizar composiciones artísticas, carteles y decoraciones sobre una pared con colores uniformes.

Características

Las plantillas se pueden comprar hechas o bien fabricarlas nosotros mismos. Con la misma plantilla podemos hacer múltiples copias.

Procedimiento

1. Elegimos un texto o una imagen en blanco y negro con formas simples y cerradas. Esta imagen se dibuja sobre el soporte (acetato o cartulina) que utilizaremos como plantilla.

   Ten en cuenta que no se pueden dejar espacios o «islas» en blanco dentro de un área negra porque son las que van a ser cortadas. Se utilizan «puentes» para unir las islas con la superficie de la plantilla y formar una unidad.

2. El contorno del dibujo se recorta con un cúter o tijeras y se obtiene un espacio abierto con zonas sólidas alrededor.

3. La plantilla recortada se fija con cinta adhesiva encima del soporte definitivo. A continuación se pulveriza la pintura con un spray o bien se aplica, sin humedecer, con un pincel sobre toda la superficie.

   Conviene que los pinceles sean redondos y con el pelo corto para que absorban poca pintura. Antes de pintar sobre la plantilla, descargaremos el exceso de pintura del pincel sobre un papel. Utilizaremos el pincel en posición perpendicular a la plantilla, de forma que la pintura no se deslice por debajo.

4. La plantilla se levanta y se deja secar la imagen. Si la pintura está muy húmeda los bordes se correrán. Limpiaremos la plantilla antes de que la pintura se seque para poder utilizarla de nuevo.

Materiales

- Cúter o tijeras.
- Cartulinas o acetato transparente.
- Lápiz, rotuladores indelebles, pintura (spray) e instrumentos para extender la pintura: pinceles, cepillos de dientes, esponjas, aerógrafo, etc.

Girl with a Ballon (2002). Banksy es uno de los artistas más importantes del Street Art en Gran Bretaña.

Este artista es reconocido por desarrollar su arte en la calle, mediante la técnica del estarcido con plantilla o stencil.

ACTIVIDADES

Elige una forma simple y cerrada, y realiza una plantilla como te acabamos de explicar.

Coloca la plantilla sobre un soporte (papel, cartón, etc.), y aplica la pintura mediante pincel o spray.

Espera a que la imagen se seque y limpia la plantilla. Después superpón la plantilla sobre la imagen anterior y aplica de nuevo la pintura. Puedes utilizar diferentes colores y variar la posición de la plantilla.

PROPUESTAS DE TRABAJO

1 Realiza el perfil de tu cara con lápiz blanco sobre una cartulina negra y recorta la figura obtenida. Utilízala como plantilla para recortar otra igual. Después, coge una cartulina blanca y pega en ella los perfiles enfrentados simétricamente. Comprueba la ilusión óptica creada basada en la Copa de Rubin.

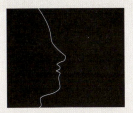  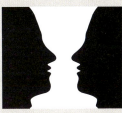

2 Diseña una ilusión óptica a partir de una forma sencilla:

- Divide toda la hoja en bandas horizontales y dibuja sobre ellas el contorno de la forma elegida.
- Pinta las bandas con dos colores contrastados, alternándolos cada vez que atravieses el contorno de la figura.
- Identifica si se cumple alguna de las leyes de la Gestalt en tu dibujo: pregnancia, cierre, simetría, experiencia, figura y fondo u otras de las explicadas en la unidad.

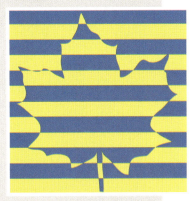

3 Dibuja la palma de tu mano tres veces y diferencia en cada dibujo los conceptos de contorno, dintorno y silueta.

4 Realiza en grupo un dossier o álbum de fotos, realizadas con el móvil, en el que aparezca reflejada la «clasificación de las formas».

Cada alumno del grupo se puede centrar en un criterio: cerradas y abiertas, naturales y artificiales, orgánicas y geométricas, figurativas y abstractas y bidimensionales y tridimensionales.

5 Con un programa de dibujo digital construye a partir de las figuras geométricas básicas (triángulo equilátero, cuadrado y círculo), una figura más compleja. Tienes que aplicar al menos cuatro de las relaciones entre formas mostradas en esta unidad: distanciamiento, toque, superposición, unión, sustracción penetración e intersección.

6 Elige una fotografía de un animal que te guste.

Realiza un proceso de simplificación de su forma en tres o cuatro pasos.

7 Observa la siguiente ilusión óptica realizada por el psicólogo italiano Kanizsa en 1955 y explica qué ves. ¿Existe el triángulo? ¿Por qué crees que lo percibimos?

03 La forma — LENGUAJE TÉCNICO

07 Tangencias

Las **tangencias** son algunos de los trazados geométricos más importantes. **Relacionan circunferencias y rectas**, y permiten enlazar suavemente líneas y curvas. Las tangencias tienen las siguientes **propiedades**:

Si una **recta** es **tangente a una circunferencia**, el punto de tangencia está en el pie de la perpendicular (el punto de corte de dos rectas perpendiculares) trazada por el centro de la circunferencia a la recta tangente.

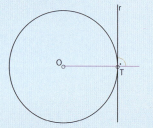

Si dos **circunferencias** son **tangentes exteriores**, el punto de tangencia está alineado con los centros de las circunferencias.

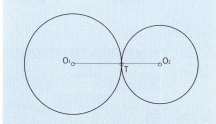

Cuando una **circunferencia** queda dentro de la otra se llama **tangente interior** y el punto de tangencia también está alineado con los centros de las circunferencias.

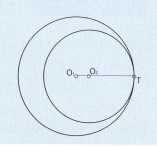

Principales trazados de las tangencias

Recta tangente a una circunferencia dada en el punto P

- Unimos O, centro de la circunferencia, con P, punto de tangencia, para definir el radio OP.
- Por el punto P trazamos una recta perpendicular al radio para obtener así la recta tangente r.

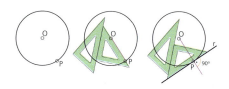

Rectas tangentes a una circunferencia de centro O desde un punto P exterior a ella

- Unimos el punto P con el centro de la circunferencia.
- Hallamos el punto medio del segmento OP, al que llamaremos M.
- Con centro en M y radio OM trazamos un arco que cortará a la circunferencia en los puntos T_1 y T_2.
- Unimos el punto P con los puntos T_1 y T_2 para obtener las tangentes buscadas.

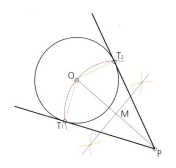

Circunferencias de radio determinado r tangentes a otra dada, de centro O, en un punto T de la misma

- Unimos el centro O de la circunferencia dada con el punto T.
- Llevamos el radio r sobre esta recta a partir de T en los dos sentidos, para obtener así los centros O_1 y O_2 de las soluciones.

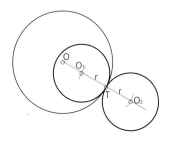

Circunferencias de radio conocido r, tangentes a la recta s y que pasen por un punto exterior P

- Trazamos una recta paralela a **s** a la distancia del radio **r**.
- Con centro en **P** y radio **r** trazamos un arco que cortará a la paralela en los puntos O_1 y O_2, centros de las circunferencias buscadas.
- Los puntos T_1 y T_2 de tangencia están en las perpendiculares a **s** por O_1 y O_2.

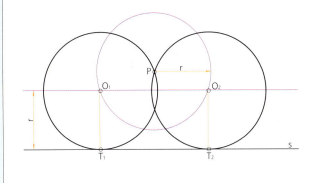

Tres circunferencias tangentes entre sí con el mismo radio r

- Construimos un triángulo equilátero cuyo lado sea el doble del radio dado.
- Los vértices **1**, **2** y **3** del triángulo serán los centros de las circunferencias buscadas.
- Los puntos de tangencia se encontrarán allí donde las circunferencias corten a los lados del triángulo.

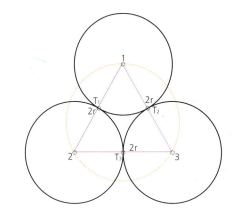

Trazado de cinco circunferencias iguales tangentes entre sí y tangentes interiores a otra dada

- Dividimos la circunferencia en un número de partes igual al de las circunferencias que queremos inscribir, en este caso cinco.
- Trazamos la recta **t** tangente en el punto **1**.
- Dibujamos la bisectriz del ángulo **1O2** hasta que corte a la tangente **t** en el punto **V**.
- La bisectriz del ángulo **1VO** así formado corta al radio **O1** en O_1, centro de una de las circunferencias buscadas.
- Trazamos una circunferencia con radio OO_1 que cortará a los radios $O3$, $O4$ y $O5$ en los centros de las restantes circunferencias buscadas.

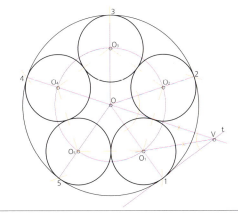

La trompa es un instrumento diseñado con circunferencias y rectas tangentes entre sí.

08 Enlaces

Los **enlaces** son una **aplicación** de las **tangencias** y se usan para redondear aristas en las piezas de diseño o industriales. Su objetivo es conseguir una línea continua sin puntos angulosos. Un ejemplo de aplicación de enlaces entre rectas y circunferencias son los **arcos** que cierran la parte superior de puertas y ventanas.

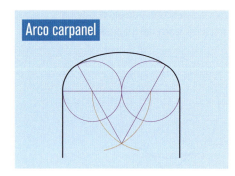

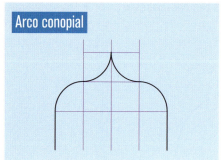

En las actuales autopistas la complejidad de cruces y desvíos se resuelve mediante enlaces de incorporación a las arterias principales.

Enlace de dos semirrectas perpendiculares mediante un arco de radio r

- Hacemos centro en el punto **V**, origen de las dos semirrectas dadas.
- A continuación, con una abertura de compás igual al radio **r**, trazamos un arco que determinará los puntos T_1 y T_2.
- Finalmente, dibujamos dos arcos del mismo radio **r** con centros en T_1 y T_2 para obtener **O**, centro del arco de unión.

Enlace de dos semirrectas que forman un ángulo cualquiera en un punto P

- Hacemos centro en el punto **V** y trazamos un arco de radio **VP**, que determina el punto T_2.
- Desde el punto T_2 dibujamos la perpendicular a la semirrecta.
- Esta perpendicular cortará a la bisectriz del ángulo dado en el punto **O**, centro del arco de circunferencia de radio OT_2 que enlaza las dos semirrectas.

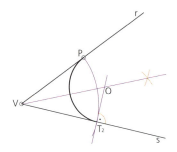

Enlaces de rectas paralelas mediante dos arcos de circunferencia conocidos los puntos de tangencia T_1 y T_2

- Unimos T_1 y T_2.
- Hallamos el punto **M**, punto medio del segmento T_1 y T_2.
- Trazamos las mediatrices de MT_1 y MT_2, que cortarán a las perpendiculares en O_1 y O_2, centros de los arcos solución. El punto **M** es punto de inflexión de los dos arcos.

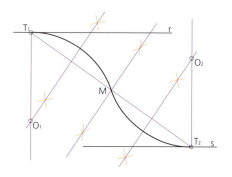

09 Curvas técnicas. Óvalos y ovoides

Las **curvas** son las figuras más comunes en la naturaleza y en el diseño técnico. Algunas de ellas, como los óvalos y los ovoides, se utilizan en la creación de objetos cotidianos, para lo cual se emplean procedimientos como los que vamos a estudiar a continuación.

Óvalo dado el eje mayor AB

- Dividimos el eje **AB** en tres pares iguales y obtenemos los puntos O_1 y O_2.
- Con un radio igual a un tercio de **AB** describimos dos circunferencias que se cortan en los puntos O_3 y O_4, centros de los arcos que completarán el óvalo.
- Desde los puntos O_3 y O_4 trazamos diámetros que determinan los puntos T_1, T_2, T_3 y T_4.
- Estos son los puntos de enlace con los arcos de centro en O_3 y O_4 y radio O_4T_1, que completarán el óvalo.

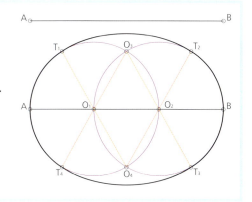

Óvalo dado el eje menor CD

- Con centro en **O**, punto medio del segmento **CD** trazamos la circunferencia de radio **OD** y dibujamos el diámetro perpendicular a **CD**.
- Los puntos O_1, O_2, O_3 y O_4 son los centros de los arcos que determinarán el óvalo.
- En las prolongaciones de las rectas que unen O_1 con O_3 y O_4 y también O_2 con O_3 y O_4 encontraremos, al trazar los arcos desde **C** y **D**, los puntos T_1, T_2, T_3 y T_4.
- Estos últimos son los puntos de enlace con los arcos de centro O_3 y O_4.

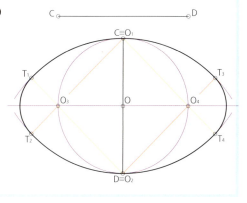

Ovoide dado el eje menor CD

- Con centro en O_1, punto medio del segmento **CD**, trazamos la circunferencia de radio O_1C.
- A continuación, dibujamos el diámetro AO_4 perpendicular a **CD**.
- Unimos CO_3 y DO_2 con O_4 prolongando las rectas.
- Los arcos de las circunferencias con centros en O_2 y O_3 de radio el diámetro de la circunferencia, cortarán a éstas en T_1 y T_2, puntos de enlace de los arcos.
- El arco de centro O_4 y radio O_4T_1 completará el trazado del ovoide.

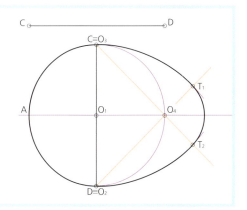

10 Curvas técnicas. Espirales

La **espiral** es una línea curva que describe varias vueltas alrededor de un punto alejándose cada vez más de él.

Hay distintos tipos de espirales, como:

- Las **volutas** que mantienen la misma distancia entre las espiras.
- Las **logarítmicas** en las que la distancia entre las espiras aumenta según nos alejamos del centro.

La espiral define el diseño del capitel jónico.

Voluta de dos centros

- Sobre una recta llevamos la distancia O_1 y O_2, radio de la circunferencia de partida que corta a la recta en el punto **1**.
- Con centro en O_2 y radio $O_2 1$ trazamos la semicircunferencia **1-2**.
- Dibujamos el resto de la espiral utilizando alternativamente los centros O_1 y O_2, de modo que aumentemos cada vez el radio de las circunferencias.

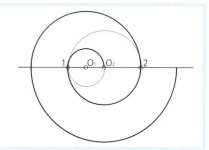

Voluta de tres centros

- Dibujamos un triángulo equilátero y llamamos a los vértices O_1, O_2 y O_3.
- Los vértices nombrados serán los centros de los arcos que dibujen la espiral.
- Prolongamos los lados del triángulo en un mismo sentido.
- Con centro en O_1 y tomando como radio el lado del triángulo, trazamos un arco que corta en el punto **1**.
- Con centro en O_2 y radio $O_2 1$ continuamos el arco hasta el punto **2**.
- Desde O_3 seguimos el trazado de la espiral.

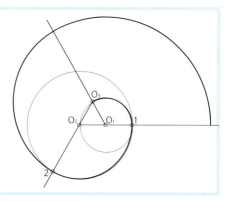

Voluta de cinco centros

- Trazamos un pentágono y llamamos a los vértices O_1, O_2, O_3, O_4 y O_5.
- Los vértices nombrados serán los centros de los arcos que dibujen la espiral.
- Prolongamos los lados del pentágono en un mismo sentido. Con centro en O_1 y tomando como radio el lado del pentágono, trazamos un arco que corta en el punto **1**.
- Enlazando con este arco seguiremos haciendo centro en los demás vértices, de forma consecutiva, hasta completar la espiral.
- Si en la espiral de núcleo poligonal de cinco centros utilizamos cada vértice como origen de una espiral, conseguimos un atractivo trazado de espirales paralelas.

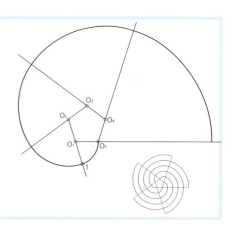

Proporción áurea

La proporción áurea es una relación que se encuentra en algunas figuras geométricas y naturales, como en las caracolas. A lo largo de la historia se ha otorgado un valor especial a los diseños surgidos de esta **proporción matemática** dada su gran belleza y armonía.

A continuación, mostraremos cómo trazar una espiral áurea, aunque antes es interesante saber el procedimiento del **rectángulo áureo**. Esta figura tiene por lados segmentos que cumplen la proporción áurea.

Rectángulo áureo

- Para dibujar un rectángulo áureo, trazamos un cuadrado y obtenemos el punto **1**, punto medio del lado **AB**.
- Haciendo centro en el punto **1** y con radio **1C**, trazamos un arco hasta cortar la prolongación de la base del cuadrado en el punto **2**.
- De este modo obtenemos el lado mayor del rectángulo. Completamos con perpendiculares para obtener el vértice **3**.

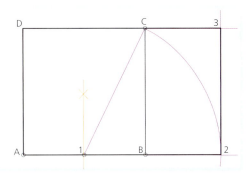

Espiral áurea

La espiral áurea es una espiral **logarítmica** asociada a las propiedades geométricas del rectángulo áureo.

Para dibujar esta espiral, trazamos primero un rectángulo áureo **ABCD** y lo dividimos en otros rectángulos de la siguiente manera:

- Desde el punto **C** trazamos el arco **2-3**.
- Desde **B** hacemos el arco **3-4** y trazamos rectas perpendiculares por ellos para conseguir sucesivas divisiones.
- Continuamos trazando desde O_1 el arco **4-5**, y desde O_2 trazamos el **5-6**.
- Desde el punto **6** o desde O_3 podemos trazar algún arco más.
- La espiral áurea está formada por arcos de un cuarto de circunferencia tangentes entre sí, trazados desde los centros O_1, O_2, O_3… hasta hasta que el compás lo permita.

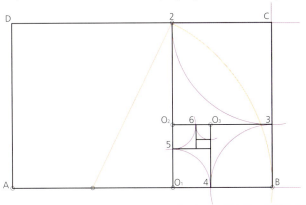
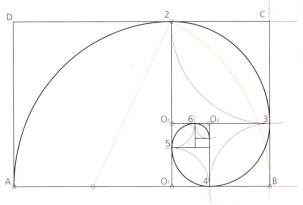

03 La forma

EXPLORA EL ARTE

Arte y geometría

En los **circuitos** de motos y coches se combinan tramos de carretera recta con **curvas tangentes** o **circunferencias tangentes entre sí,** interior o exteriormente.

Construido en 1991, el circuito de Montmeló (Barcelona) tiene una de las rectas de meta más largas del mundo, así como curvas y contracurvas que se enlazan entre sí. También dispone de una chicane* que une dos arcos de circunferencia que cambian la dirección y complican mucho el trazado del circuito.

La **forja artística** utiliza el hierro para crear, de forma artesanal, objetos como mesas, sillas, camas y también, barandillas, rejas para las ventanas y puertas. En el diseño de estos objetos aparecen **arcos de circunferencia enlazados** formando bonitas figuras.

Otro ámbito artístico donde las curvas desempeñan un gran papel es en el diseño de la **jardinería monumental,** particularmente importante durante el Barroco. En España, con la llegada de la dinastía borbónica, a comienzos del siglo XVIII, se adoptaron algunas costumbres francesas relativas al diseño y construcción de jardines en villas y palacios.

En la construcción de jardines como los de Aranjuez o los de La Granja de San Ildefonso, lugar predilecto de Felipe V, intervinieron arquitectos, escultores, pintores y jardineros famosos en esa época en París.

El diseño de los jardines barrocos estaba basado en construcciones geométricas que se podían admirar desde las estancias palaciegas, dando sensación de armonía y paz a los espectadores. En estos jardines se emplazaban fuentes con esculturas de piedra o metal que representaban escenas mitológicas, lo que dotaba de mayor sentido artístico al conjunto.

Circuito de Montmeló.

chicane o chicana: es una curva en forma de «S» en los circuitos de carreras.

Ejemplo de forja artística.

Fauno viejo, de Santiago Rusiñol. Muchos pintores han utilizado los complicados diseños de los jardines como motivo de sus obras.

PROPUESTAS DE TRABAJO

1. La trompa es un instrumento diseñado con circunferencias y rectas tangentes entre sí. Busca en libros y enciclopedias fotografías de instrumentos musicales en los que se aprecie la relación de tangencia entre rectas y circunferencias, y especifica en cada caso de qué tipo de tangencia se trata.

2. En las portadas y ventanas de edificios góticos encontramos ejemplos de arcos que además de servir como elemento estructural tienen una función decorativa.

   Estudia los arcos de la portada del Monasterio de Santa Clara (Palencia) e indica sus nombres y sus características.

3. Traza los óvalos enlazados entre sí que componen la imagen de la marca Toyota utilizando para ello el trazado técnico de los óvalos que has aprendido.

4. Realiza una espiral áurea y dale un acabado personal, como en el ejemplo del trabajo de un alumno que aparece en la fotografía, donde se ha utilizado témpera y rotulador dorado sobre papel teñido con café.

5. Da forma redondeada a las esquinas de un triángulo equilátero de 80 mm de lado mediante enlaces de arcos de 12 mm de radio.

6. ¿Cómo se denominan en dibujo técnico las posiciones relativas de estas figuras?

03 La forma

MAPAS CONCEPTUALES

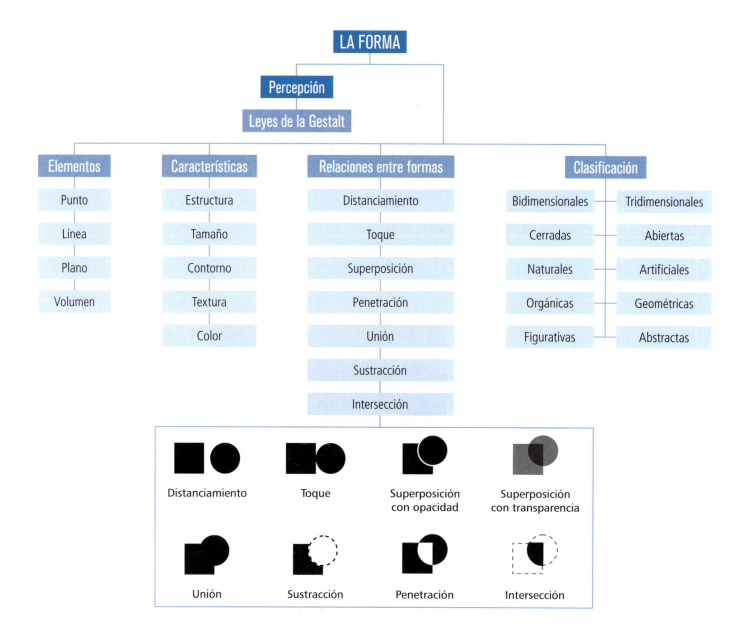

ACTIVIDADES

1. ¿Cuáles son los elementos visuales que pueden constituir lo que llamamos formas?

2. Cita y explica alguna de las leyes de agrupamiento perceptivo de la Gestalt.

3. Enumera algunos de los factores que determinan la figura en el campo visual.

4. ¿Qué cualidades son las que definen la apariencia de la forma?

5. Explica qué es una forma abstracta y pon un ejemplo.

6. ¿En qué consiste la técnica artística del estarcido?

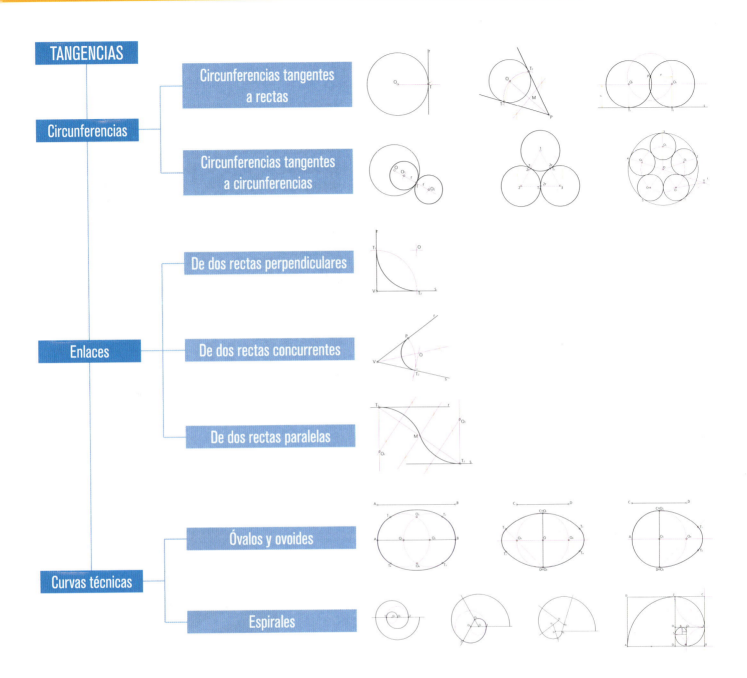

ACTIVIDADES

1. ¿Cuáles son los elementos que se relacionan en una tangencia?

2. ¿Dónde se encuentra situado el punto de tangencia cuando dos circunferencias son tangentes entre sí?

3. ¿Qué conceptos estamos utilizando cuando dibujamos con enlaces?

4. Enumera las curvas técnicas que hemos estudiado.

5. ¿Son todas las espirales iguales? ¿Cuáles son sus diferencias?

6. ¿En qué figuras de la naturaleza podemos encontrar la proporción áurea?

03 La forma

EVALUACIÓN

1 Dibuja 7 circunferencias iguales tangentes entre sí e inscritas en una circunferencia de 50 mm de radio. Fíjate en la figura de análisis que te damos.

2 En muchos países es tradicional pintar los huevos para utilizarlos como objetos decorativos.

Dibuja tres ovoides y tras hacer variadas propuestas de color dales sombra, tomando como ejemplo el trabajo realizado por una alumna.

3 Identifica y señala algunas de las relaciones entre formas que aparecen en este cuadro de Vasarely, como por ejemplo, superposición, penetración o transparencia.

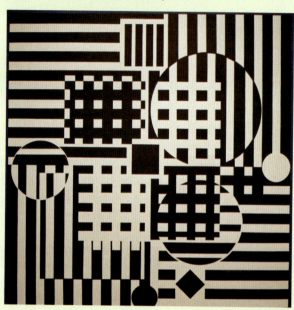

4 Este cartel de una película de Woody Allen muestra un juego visual mediante la dualidad de figura y fondo. Realiza uno parecido utilizando tu silueta.

5 Haz una mancha de colores aleatoria con alguna técnica húmeda como témpera o acuarela.

Cuando ya esté seca trabaja sobre ella con lápices de colores para conseguir una imagen figurativa como la propuesta.

6 Traza en tu cuaderno una espiral logarítmica basada en el crecimiento del cuadrado y la circunferencia. Este tipo de espiral se construye de la siguiente forma:

- En el vértice de un pequeño cuadrado, hay que describir un círculo cuyo radio sea la mitad de la diagonal del cuadrado.
- Luego, sobre este círculo, se construye otro cuadrado, que ha de tener como lado la diagonal del cuadrado precedente.
- Después hay que continuar con este procedimiento mientras quede papel.
- Por último, completa la espiral con lápices de colores y detalles de rotulador.

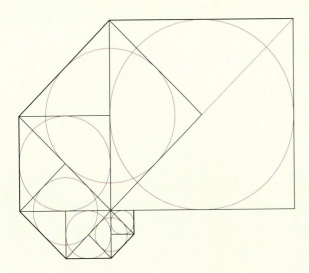

7 Traza un circuito automovilístico. Empieza por la recta de meta y señala los centros de las circunferencias que utilices y los puntos de tangencia de los enlaces.

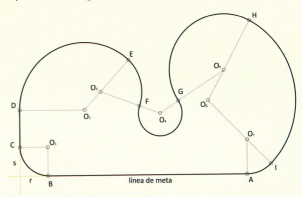

8 Con las espirales completas aprendidas en la unidad realiza variaciones o superposiciones y píntala con colores atrevidos.

9 Busca en tu entorno ejemplos de forja artística y diseña una barandilla en la que aparezcan enlaces sencillos de circunferencias con otras circunferencias y con rectas.

DIARIO DE APRENDIZAJE

Una vez estudiada la unidad, ¿con qué imágenes ilustraría yo la presentación?

04 La composición

Un cuadro, una fotografía o cualquier otra representación de la realidad están construidos a partir del lenguaje visual. Como cualquier otro lenguaje, este necesita de un orden para ser comprendido. Denominamos composición a la manera en que se organizan y se relacionan entre sí los elementos visuales de una imagen.

En la imagen de Cartier-Bresson, la composición tiene dos elementos destacados: la escalera y el ciclista. La escalera, elemento estático, dirige nuestra mirada hacia el ciclista, elemento no estático que ofrece a la composición sensación de movimiento, ya que sabemos que en la realidad el ciclista se está desplazando.

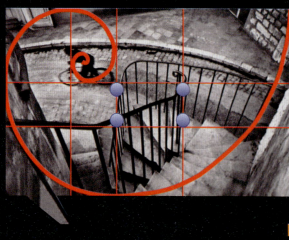

The Var Department- Hyères, 1932, de Henri Cartier-Bresson. Museo Nacional de Arte Moderno Georges Pompidou, París.

¿Qué meta preveo alcanzar cuando termine esta unidad?

¿Crees que la fotografía está tomada sin planificación previa o, por el contrario, es fruto de un trabajo anterior de preparación? Analízala detenidamente antes de dar tu respuesta.

A partir de la fotografía de Henri Cartier-Bresson, debate con tus compañeros cuáles crees que son los elementos más importantes de esta imagen y por qué.

01 La composición

01.1 ¿Qué es la composición?

En el lenguaje visual, **la composición es el resultado de organizar** de manera adecuada **los elementos plásticos** que forman el conjunto de la imagen.

La finalidad de la composición es producir un **mensaje visual unitario, ordenado** y **armónico.**

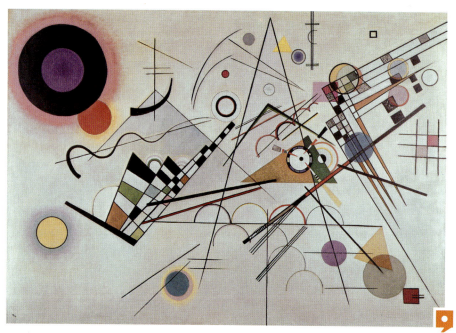

Composición VIII, de Kandinsky. Para el pintor ruso lo primordial en sus cuadros era la composición y el color, más que el propio tema.

01.2 Principios compositivos

En todo proceso de composición resulta importante tener en cuenta unos **principios** o **fines:**

- **Principio de unidad.** Los elementos que constituyen la imagen tienen que estar relacionados entre sí y con el soporte en el que se ubican, de tal forma que sean entendidos como integrantes del mismo mensaje. El principio de unidad se produce cuando no hay elementos discordantes en el conjunto.

- **Principio de orden** o **jerarquía.** La jerarquía implica un orden, ya que supone organizar los elementos de la composición por su grado de importancia. De esta forma, es posible distinguir entre elementos dominantes y elementos subordinados.

- **Principio de equilibrio.** Se refiere a la compensación mutua entre todas las características de los elementos que entran en juego en la composición.

  Para el ser humano, el equilibrio es lo que permite percibir una composición como armónica.

02 Agentes compositivos

Llamamos **agentes compositivo**s a los factores que articulan el proceso de composición. Estos agentes son muy diversos y entre ellos destacan el formato, la proporción, el ritmo, la simetría, el peso visual, las direcciones visuales y los esquemas compositivos.

02.1 El formato

Se trata de las **dimensiones del soporte de la composición.** Los formatos son, en su mayoría, rectangulares. Elegiremos una orientación vertical u horizontal, dependiendo de lo que vayamos a representar. Uno de los formatos más armónicos es el **rectángulo áureo** que trataremos más adelante en esta unidad.

02.2 La proporción

La proporción expresa el **orden interno de la composición**, por lo que se aplica con la finalidad de transmitir armonía.

La proporción se refiere a la **relación de tamaño entre una imagen y sus partes constitutivas,** así como **entre las diferentes partes entre sí.** Para determinar las proporciones de un objeto, se toma como unidad de medida una de las partes de ese objeto, a la que se denomina **módulo.**

A lo largo de la historia, muchos artistas de diversos ámbitos han perseguido la belleza a través de la proporción. Buscaban el módulo que estableciese las relaciones de tamaño justas para que una composición resultase armónica.

De la Grecia antigua proviene la idea de que toda armonía puede expresarse mediante números. Este es el caso de la **proporción áurea** o **número de oro**, denominado por la letra griega $\Phi = 1,618$.

02.3 El ritmo

El ritmo visual es una **sucesión armónica de elementos plásticos que se repiten.** En una composición visual, esta disposición de formas, colores o texturas aporta un gran dinamismo. Pueden distinguirse los siguientes tipos de ritmo:

> **Los cánones de Policleto y Le Corbusier**
>
> En la antigüedad, el escultor griego Policleto ideó un canon de belleza según el cual la altura total del cuerpo humano equivalía a siete veces la altura de la cabeza, que servía de módulo.
>
> En el siglo XX, el arquitecto Le Corbusier planteó un canon que relacionaba las medidas del hombre con el número de oro, para aplicarlo al diseño de espacios arquitectónicos.
>
>
>
> *El Modulor*, de Le Corbusier.

Ritmo libre

Los elementos que se repiten se distribuyen a intervalos irregulares y pueden variar sus características, siempre que generen un conjunto armónico.

Ritmo constante

Puede ser:

- **Uniforme,** cuando el elemento se repite a intervalos regulares.
- **Alterno,** cuando se repiten dos o más elementos de manera alterna con regularidad.

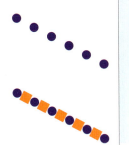

Ritmo variable o progresivo

Se produce una gradación, creciente o decreciente, en cierta característica del elemento que se repite (tamaño, color…).

Ritmo circular

Consiste en la disposición de los elementos de manera radial, concéntrica o en espiral.

02.4 La simetría

La **simetría** es el sistema más sencillo para conseguir armonía en una composición. Consiste en la **disposición de elementos similares a ambos lados de un eje o de un punto** real o imaginario y de manera **equidistante** respecto del mismo. Existen dos tipos de simetría: axial y radial.

02.5 El peso visual

A cada elemento de la composición le atribuimos un peso visual, es decir, la fuerza que ese elemento posee dentro de la composición. El peso visual depende de los siguientes factores:

1. La **ubicación** de los elementos en distintas zonas del soporte.
   - Una forma aumenta su peso visual si está situada a la derecha o en el tercio superior del soporte.
   - La esquina inferior izquierda es la zona de reposo, el lugar donde podemos poner más elementos, pues allí pesan menos.
2. El **tamaño**. Cuanto mayores son las formas, mayor es su peso visual.
3. El **contraste** entre figura y fondo acentúa el peso visual.
4. El **aislamiento** de una forma respecto del resto de elementos de la composición, le otorga mayor peso visual.
5. El **color**. En igualdad de condiciones, el color rojo pesa más que el azul.

En función de cómo se equilibren los pesos visuales en una composición, se generan dos **tipos básicos de equilibrio:**

> **Tipos de simetría**
> - **Simetría axial.** Los elementos similares se ubican a ambos lados de un eje y a la misma distancia. El eje se localiza en la mitad de la composición.
> - **Simetría radial.** Los elementos similares se sitúan en los extremos de los diámetros de una circunferencia (o varias concéntricas), cuyo centro es el centro de la composición.

1

2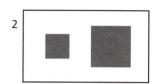

3

4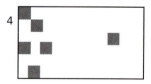

Equilibrio estático

Se produce cuando los elementos son similares a ambos lados del eje central de la composición, y tienen el mismo peso visual, como en el *Pequeño tríptico*, de Jan van Eyck.

Equilibrio dinámico

Se produce cuando los pesos visuales se compensan a los lados de la composición de manera asimétrica, como en *Breezing Up*, de Winslow Homer.

02.6 Las direcciones visuales

Las direcciones visuales son direcciones que el ojo recorre al leer la composición **en función** de los **elementos** utilizados, de sus **características** y de su **disposición**. Esto se debe a que en toda imagen la distribución de los elementos visuales crea unas **líneas**, generalmente invisibles, que **guían la organización interna de la composición.**

Cuando estas direcciones visuales no están representadas en la composición decimos que son **inducidas**. Estas líneas generan una estructura —más o menos geométrica— que sujeta todos los elementos, y recibe el nombre de **esquema** o **diagrama compositivo.**

Los **factores** que **generan direcciones visuales** en la imagen son:

- La **forma** de los elementos principales de la composición, cuya estructura puede sugerir alguna dirección.
- La **cercanía** de los elementos próximos, que se perciben como agrupados.
- La **similitud** de los elementos en alguna de sus características, como forma, color o tamaño, ya que tendemos a unirlos generando direcciones.
- Las **miradas** de los personajes de la imagen crean direcciones que van desde sus ojos hasta el punto al que miran.

Todos estos factores funcionan en conjunto generando líneas visuales, gracias a las de leyes de agrupamiento perceptivo de la teoría de la Gestalt, como son la ley de la proximidad, la ley de la semejanza, la ley del cierre, la ley de la buena dirección y la ley de la experiencia.

Detalle de *Desnudo bajando una escalera*, de Marcel Duchamp. En este cuadro se genera una dirección oblicua descendente dada por la secuencia rítmica del personaje que baja la escalera.

La parábola de los ciegos, de Brueghel el Viejo. Observamos en esta pintura que la disposición y cercanía de los personajes (elementos similares) crea una dirección visual en la diagonal descendente de la composición.

Supremus 58, de Kazimir Malevich. Se establecen tres direcciones visuales. Hay una dirección oblicua ascendente dada por la similitud de algunas formas, su dirección y tamaño. Las direcciones restantes, una en arco y la otra oblicua descendente, vienen dadas por la forma de los dos elementos de mayor tamaño.

04 La composición
LENGUAJE VISUAL Y PLÁSTICO

02.7 Esquemas compositivos y puntos de interés

Los esquemas compositivos son **diagramas formados por líneas maestras** que guían la ubicación de los elementos en la composición. Estos esquemas lineales pueden estar definidos por:

- **Líneas rectas y curvas.**
- **Figuras geométricas:** polígonos, círculos…
- **Redes modulares,** simples o complejas.
- **Rectángulo de puntos áureos.**
- **Rectángulo de tercios.**

La Venus del espejo, de Velázquez. — Esquema formado por líneas

La Balsa de la Medusa, de Théodore Géricault. — Esquema formado por figuras geométricas

Esquema formado por una red modular simple — *Alom,* de Vasarely.

Rectángulo de puntos áureos

Los puntos áureos son puntos fuertes de la composición. Se han utilizado tradicionalmente en pintura para destacar los elementos situados en ellos. Para obtener un punto áureo se emplea el siguiente procedimiento:

- Se divide el lado **c** en proporción áurea (a = c/1,618).
- Desde ahí se traza una perpendicular.
- Se realiza lo mismo con el lado menor.
- En el corte de ambas rectas está el punto áureo.
- Si repetimos el proceso, obtendremos hasta cuatro puntos áureos.

La adoración de los Magos. Velázquez sitúa la cabeza del Niño en un punto áureo.

Rectángulo de tercios

El rectángulo de tercios deriva del rectángulo de puntos áureos y se utiliza, sobre todo, en fotografía y publicidad. Consiste en dividir los lados del soporte en tres partes iguales y trazar las perpendiculares. Donde se corten tendremos los cuatro puntos fuertes de la estructura del rectángulo de tercios.

En los paisajes se suele hacer coincidir la línea del horizonte con cualquiera de las dos líneas horizontales de tercios, según se quiera destacar el cielo, arriba, o bien la tierra o el mar.

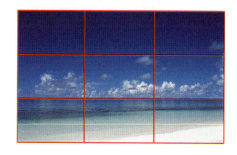

03 Clases de composición

Como consecuencia de la interrelación de los agentes compositivos que participan en un mensaje visual, podemos hacer una clasificación de los diferentes **tipos básicos de composición:**

Composición estática, simétrica o clásica

- Se basa en el equilibrio estático, por lo que sus elementos están equilibrados a ambos lados de un eje central que divide a la imagen en dos partes similares.
- Las relaciones entre sus elementos son armónicas.
- Predomina el ritmo constante o progresivo.

La última cena, de Leonardo da Vinci.

Composición dinámica, asimétrica o libre

- Se basa en el equilibrio dinámico, por lo que los pesos visuales se compensan de manera asimétrica y los elementos no dependen de ningún eje central, sino que se organizan libremente.
- Hay diversidad de elementos y en sus relaciones suele influir el contraste.
- Predomina el ritmo libre.

La noche estrellada, de Vincent van Gogh.

04 La composición
EXPLORA EL ARTE

Lo irracional en el arte: el surrealismo

El **surrealismo** se inició en París en 1924, cuando André Breton, poeta y crítico francés, publicó el *Manifiesto surrealista* y agrupó a su alrededor pintores y escritores. La obra surrealista surge del automatismo, una forma de expresión no controlada por la mente, que consiste en mostrar el interior del individuo en la creación de imágenes de forma voluntaria.

Lo **irracional**, los **sueños** y los **instintos** son expresados mediante formas figurativas simbólicas con un realismo casi fotográfico, como en el caso de Salvador Dalí, René Magritte y Max Ernst, o a través de formas abstractas poéticas donde los artistas crean mundos personales, como hacen Joan Miró, Yves Tanguy y Roberto Matta.

> En las páginas webs del Museo de Arte Moderno de Nueva York y de la Fundación y Museo Pilar y Joan Miró de Mallorca podrás profundizar en la obra de Joan Miró.
> http://www.moma.org/collection/artists/4016
> http://miro.palmademallorca.es/

Salvador Dalí y el surrealismo figurativo

Dalí (1904-1989) es el máximo exponente del surrealismo figurativo en España. En su obra, *La persistencia de la memoria,* podemos apreciar las características de su estilo y entender mejor este movimiento. Representa un paisaje onírico, es decir, proveniente de los sueños, compuesto por formas figurativas simbólicas. Al fondo, iluminada, aparece una bahía rocosa. En la oscuridad, cuatro relojes: tres blandos con distintas horas y otro rígido dado la vuelta y lleno de hormigas. Todos representan el tiempo y la angustia del hombre por no poder controlarlo. Dormido en la arena reposa un rostro, entre hombre y pájaro, que parece el del propio Dalí.

La persistencia de la memoria (1931), de Salvador Dalí.

Joan Miró y el surrealismo abstracto

El artista español Joan Miró (1893-1983) fue el mayor representante del surrealismo abstracto. Sus cuadros están repletos de poesía. Crea un mundo propio a través de la abstracción, rechaza la perspectiva y el claroscuro, e inventa signos abstractos simples que no expresan ideas y que son producto de lo irracional.

Miró trabajaba de dos maneras: mediante el automatismo y la simplificación de las formas, y mediante el lenguaje de signos.

> «Mientras trabajo, las formas van tomando realidad. En otras palabras, más que disponerme a pintar, empiezo a pintar y mientras pinto la pintura se afirma, imponiéndose o sugiriéndose bajo mi pincel. El trazo va tomando forma de mujer o de pájaro».
> SWEENEY, J. J.: "Joan Miró: comment and interview. Nueva York", en *Partisan Review*, n.º 2, 1948, pp. 210-212

Autorretrato (1919), de Joan Miró.

04 La composición
LECTURA DE LA IMAGEN

LECTURA OBJETIVA

Ficha técnica

- **Autor:** Joan Miró (1893–1983)
- **Título:** *Personaje tirando una piedra a un pájaro*
- **Año:** 1926
- **Tamaño:** 73,7 × 92,1 cm
- **Técnica:** Óleo sobre lienzo
- **Colección:** Museo de Arte Moderno (MOMA), Nueva York

Espacio plano

El fondo representa el cielo (verde), el mar (negro) y la arena (amarillo). Son bandas monocromáticas horizontales sin perspectiva ni sensación de volumen.

Peso visual

En la composición se aprecia cómo el pájaro compensa la inestabilidad del personaje. Este elemento equilibra el espacio en la composición y aumenta su peso visual mediante el uso del color, la dirección de los elementos y su ubicación.

Formas orgánicas y simplificadas

Miró utiliza la forma ondulada orgánica en el contorno del personaje y lleva las figuras a su simplificación formal.

LECTURA SUBJETIVA

La imagen representa un paisaje marino (cielo-mar-arena) donde una figura lanza una piedra a un pájaro, tal y como indica el título de la obra.

El personaje presenta una forma de contorno orgánico que recuerda a una ameba con un pie gigante y un ojo de cíclope.

Esto contrasta con la línea negra diagonal que representa los brazos.

El cuerpo parece que se tambalea hacia atrás al coger impulso para lanzar la piedra, y busca el equilibrio en el gigantesco pie.

La trayectoria de la piedra está marcada con un arco de línea discontinua.

El cuerpo del pájaro es una línea recta blanca y las alas, una línea curva azul.

La cabeza es un círculo azul con un ojo, un pico y una cresta roja, que es el punto fuerte de la composición.

04 La composición
TÉCNICAS ARTÍSTICAS

La colagrafía

Dentro de las técnicas de impresión encontramos la **estampación**. Se trata de un proceso por el cual una imagen creada sobre una superficie rígida es entintada y transferida por presión a otra superficie, llamada estampa, lo que permite la producción de múltiples copias.

La **colagrafía** es una técnica de estampación consistente en pegar elementos con texturas sobre una superficie de cartón, plástico, táblex, etc. que actúa como soporte. Luego, dichas texturas se entintan y se estampan en otra base.

Características

Mientras que en el *collage* pegamos diferentes materiales para componer la obra, en la colagrafía esa composición constituye la **matriz.** La matriz es el soporte rígido donde se realiza la imagen y se aloja la tinta para transferirla a otra superficie. La obra resultante será la superficie estampada.

Una vez compuesta la matriz, los **materiales** deben ser tratados con cola de carpintero para darles rigidez. De este modo, pueden soportar una gran presión, lo que permitirá hacer múltiples copias y evitar su excesivo desgaste.

¿Cómo se trabaja?

1. Elige un soporte rígido y plano. Pega diversos materiales sobre él y realiza un *collage*. Una vez finalizado, con un pincel aplica la cola de carpintero por toda la superficie y déjala secar.
2. Entinta la matriz resultante con un pincel, un rodillo o un trapo, para que la tinta entre por todos los resquicios. Procura que no quede muy cargada de tinta. Quita el sobrante con papel antes de imprimir las texturas.
3. Coloca sobre la matriz un papel de grabado previamente humedecido e imprime con la ayuda de una prensa, un rodillo, una cuchara o cualquier otro instrumento.
4. Fíjate que la imagen resultante en la **estampa** es inversa a la de la matriz.

Materiales

- Superficie de cartón, plástico…
- Cola de carpintero.
- Tinta de diferentes colores.

Podemos apreciar la matriz construida con cartón blanco, papeles arrugados, cartón corrugado y pintura acrílica con arena.

Vemos la estampa, el resultado de la impresión, que es la imagen invertida de la matriz.

ACTIVIDADES

Realiza una colagrafía siguiendo los pasos descritos en el epígrafe anterior.

- Pega todos los elementos y materiales sobre cartón rígido.
- Recuerda que puedes utilizar tintas de diferentes colores a la hora de estampar.

PROPUESTAS DE TRABAJO

1. Dibuja la silueta de un insecto, una fruta, una hoja o cualquier otra figura sencilla del mundo natural y repítela creando los siguientes ritmos: ritmo constante uniforme, ritmo variable o progresivo, ritmo circular y ritmo libre.

2. Busca tres ejemplos de cada tipo de ritmo visual en tu entorno cotidiano. Fotografíalos y haz una tabla de ritmos.

    Por ejemplo, el ritmo constante uniforme que generan las líneas de un paso de cebra.

3. Formad equipos de cinco personas y buscad en Internet vídeos que hablen de la proporción áurea en la naturaleza, la pintura y la arquitectura. Seleccionad el que os parezca más interesante y haced una presentación ante el grupo.

4. Busca tres anuncios en revistas en los que puedas distinguir cuáles son las direcciones visuales de la imagen. Márcalas con un rotulador por encima.

5. Observa los cuadros de la página 95. Describe los agentes compositivos de *La última cena* que hacen que sea una composición estática, simétrica o clásica y describe los agentes compositivos que hacen de *La noche estrellada* una composición dinámica, asimétrica o libre.

6. Una vez hayas observado el cuadro de Miró *Personaje tirando una piedra a un pájaro*, cierra los ojos unos minutos. Piensa en los colores y formas que has percibido.

    Después, realiza una composición. Utiliza diferentes formas, colores planos, líneas... Crea tu propio mundo de signos al igual que Miró creó el suyo.

    Inventa un título para tu trabajo y explícalo en clase a tus compañeros.

04 Relaciones entre formas

> Se llaman **transformaciones geométricas** a las relaciones que se establecen entre las figuras variando su posición y tamaño en el plano.

04.1 Movimientos en el plano

Los movimientos son **transformaciones** tras las cuales la **figura** que resulta **mantiene su forma,** es decir, sus lados, sus ángulos y su tamaño pero varía su posición.

Tipos de movimientos en el plano:

En esta fotografía el eje de simetría pasa por los puntos donde las patas del ave tocan el agua.

Igualdad

Dos figuras son iguales cuando al superponerlas coinciden en todos sus puntos.

Traslación

La traslación es un movimiento que produce figuras iguales desplazadas de su posición inicial en línea recta, manteniendo sus lados correspondientes paralelos.

Simetría

En la simetría geométrica, los puntos de la figura inicial están a la misma distancia de un eje de simetría.

- En la **simetría axial,** los puntos se encuentran a la misma distancia del eje de simetría y sobre rectas perpendiculares a dicho eje. **a**

- En la **simetría central,** los puntos de las figuras están alineados con un punto llamado centro de simetría y son equidistantes respecto a él. **b**

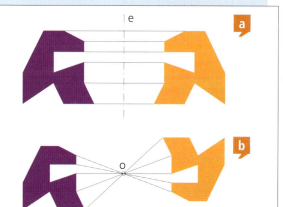

Giro

El giro es un movimiento por el que cada punto de la figura inicial rota según un mismo ángulo alrededor de un punto llamado centro de giro.

El centro de giro puede ser un punto cualquiera de la figura o ser un punto exterior a ella.

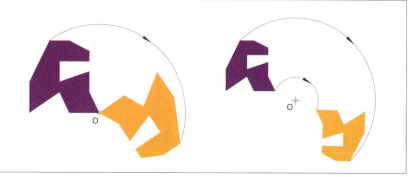

04.2 Red modular, módulo y supermódulo

Una **red modular básica o simple** es una estructura geométrica formada por un entramado de un mismo polígono regular y cumple la función de compactar el plano, es decir, de cubrirlo por completo sin dejar huecos. Son **redes modulares básicas** las formadas por **triángulos, cuadrados** y **hexágonos regulares.**

En diseño, llamamos **módulo** a la figura básica que se repite sobre una red modular. A partir de un módulo, podemos generar, mediante transformaciones geométricas, como por ejemplo la simetría, un **supermódulo.**

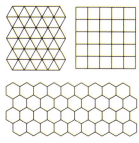

Redes modulares básicas.

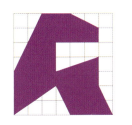

Módulo básico dibujado sobre una red cuadrada.

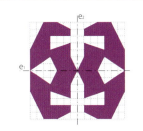

Supermódulo generado a partir de dos simetrías axiales perpendiculares entre sí.

Supermódulo que se ha generado girando 90° el módulo inicial, para lo cual se ha tomado como centro de giro uno de sus vértices.

Un giro de 45° sobre la composición anterior nos permite conseguir un nuevo motivo en el que los módulos se superponen.

04.3 Mosaicos en redes simples

Una de las aplicaciones más usuales de la repetición de un módulo en una red es el mosaico.

> Un **mosaico** es la **repetición** de un **módulo** que da lugar a estructuras decorativas de gran belleza, llenas de imaginación y buen gusto.

Estas repeticiones se realizan sobre una red que cumple ciertas características de **acoplamiento** y **regularidad.**

Traslación de un módulo

La utilización de la traslación de un módulo es la forma más sencilla de recubrir el plano. Genera dos posibles soluciones según el elemento que queramos destacar, la figura o el fondo.

Traslación de un supermódulo

La traslación del supermódulo sobre una red de cuadrados también compacta el plano.

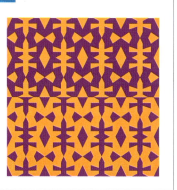

04.4 Redes modulares compuestas

Las **redes modulares compuestas** se conforman, o bien empleando varias figuras geométricas a la vez, o por superposición de redes modulares simples.

Existen ocho posibles **agrupaciones** de **polígonos regulares** que, dispuestos alrededor de un vértice, **dan lugar a redes semirregulares.**

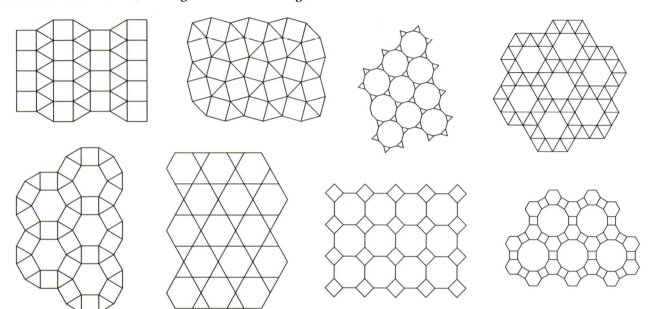

Otras **redes modulares complejas** se consiguen mediante la transformación de polígonos regulares. En ellos, la parte recortada del interior del polígono se añade sobre uno de los lados.

Agrupaciones de polígonos regulares: triángulos equiláteros, cuadrados, hexágonos, octógonos y dodecágonos

Pajarita nazarí

Se obtiene modificando un triángulo equilátero. Se recorta cada parte sombreada y se añade sobre cada uno de los lados del triángulo.

Hueso nazarí

De la misma manera que con la pajarita, a partir de un cuadrado podemos obtener el **hueso nazarí.**

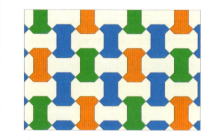 

Otro de los recursos geométricos empleados para diseñar el motivo de un mosaico consiste en girar un polígono regular en torno a un punto fijo. Así se produce un solapamiento de figuras que da lugar a un **polígono estrellado.**

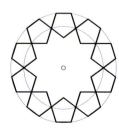  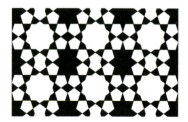

04.5 Redes modulares libres

La **forma** y **tamaño** de un **módulo** y una **red** pueden ser constantes o variables. A una red cuya trama varía de forma, la llamamos modulada.

A partir de un módulo origen, las formas moduladas pueden obtenerse por distintos procedimientos hasta llegar al extremo en que los módulos queden colocados en una posición cualquiera sin ajustarse a una ordenación fija.

Redes moduladas

Por compresión-dilatación

Por desviación

Por curvatura

Motivo libre

Composición modulada libre sobre una red isométrica, es decir, formada por triángulos equiláteros.

Modulación libre

La modulación libre permite realizar composiciones artísticas de gran interés plástico.

En este caso, se ha variado una figura pentagonal aplastada por dos direcciones perpendiculares, lo que crea sensación de volumen.

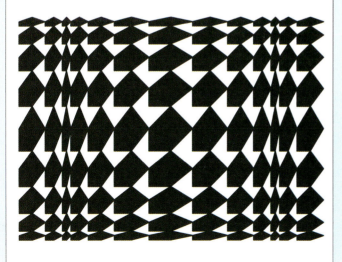

Deformaciones reticulares

Estas deformaciones reticulares se forman dilatando y comprimiendo la red.

Son semejantes a las que el artista Victor Vasarely ha utilizado en muchas de sus obras para dar sensación de volumen, potenciando el efecto con el uso adecuado del color.

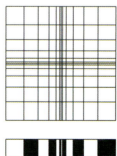

05 Proporcionalidad entre formas

La comparación entre dos figuras o dos tamaños **a** y **b** (**a** comparado con **b**) puede formularse así en lenguaje matemático: **a/b**, lo que se lee como «**a es a b**». Esto se conoce como **razón entre dos magnitudes.**

A la igualdad de dos razones, por ejemplo **a/b = c/d** («**a** es a **b**, como **c** es a **d**»), se la denomina **proporción**.

En términos de proporción, da igual decir que el elefante grande es al pequeño como el pequeño es al grande.

05.1 Semejanza

Dos **figuras** son **semejantes** cuando tienen todos sus **ángulos** correspondientes **iguales** y sus **longitudes** lineales son **proporcionales.** Es decir, las figuras semejantes tienen la misma forma pero distinto tamaño.

Figuras semejantes

Podemos dibujar figuras semejantes mediante una cuadrícula en la que incluimos la figura. Si agrandamos o empequeñecemos los cuadrados con los que hemos hecho la cuadrícula, como estos son semejantes, conseguiremos que la figura sea también semejante a la original.

Homenaje al cuadrado, de Josef Albers. En esta obra, el autor juega con la relación de cuadrados semejantes.

Construcción de figuras semejantes por homotecia

Primer procedimiento
En este caso, trazamos rectas concurrentes en un vértice de la figura que pasen por todos los vértices restantes. Desde cualquier punto de una de ellas, trazaremos paralelas a los lados de la figura original obteniendo figuras semejantes a ella.

Segundo procedimiento
Podemos también trazar rectas concurrentes desde un punto exterior a la figura y, dibujando lados paralelos a partir de un punto de una de ellas, hacer figuras semejantes de mayor o menor tamaño, pero proporcionales. Esta transformación está basada en el teorema de Tales.

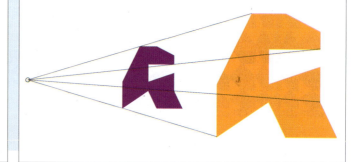

05.2 Semejanza y ritmo en redes simples

Lo que hemos aprendido sobre el ritmo al estudiar la composición podemos aplicarlo a las redes para multiplicar sus posibilidades visuales.

Así, si variamos el tamaño de la trama y jugamos con la semejanza del módulo adaptándolo a la red, conseguimos estructuras de apariencia compleja pero de fácil realización.

De esta manera cuando la red va reduciendo sus dimensiones se crea un **ritmo decreciente.** Si por el contrario vamos aumentando su tamaño, generamos un **ritmo creciente.**

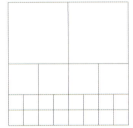

Fractales

La palabra *fractal* significa 'quebrado' o 'fracturado'. La utilizó por primera vez el matemático Benoît Mandelbrot para definir un objeto cuya estructura básica se repite a distintos tamaños.

En las estructuras fractales podemos apreciar la relación de semejanza, ya que se caracterizan por desarrollarse mediante copias de sí mismas a menor escala.

La naturaleza presenta muchas estructuras de tipo fractal. Estas nos permiten entender formas naturales complejas como las del helecho y el romanesco.

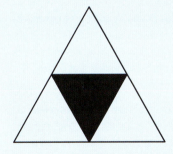
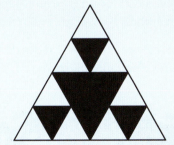

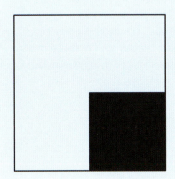
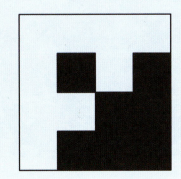
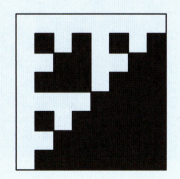

Arte y geometría

Arte nazarí

Los **artistas árabes** tenían un **gran conocimiento geométrico** y dejaron en España una importante herencia. Es en la Alhambra de Granada (siglos XII-XIV) donde se conservan los mosaicos más importantes del arte nazarí en España, auténticos prodigios geométricos.

Este monumento tiene estancias y jardines cuyas paredes están profusamente adornadas con yeserías, zócalos con alicatados cerámicos e inscripciones. Todo ello hace de la Alhambra uno de los ejemplos más ricos del arte geométrico.

Mirador decorado con yesería labrada.

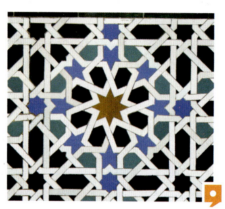
Baldosa.

Detalle de zócalo con cenefa.

Los mosaicos de Escher

El artista holandés Maurits Cornelis Escher (1898–1972) fue un gran admirador y un profundo conocedor de la ornamentación árabe.

Sus composiciones desarrollaron transformaciones en módulos y redes de figuras naturales y fantásticas con impresionantes resultados plásticos.

> Los títulos de sus obras nos muestran la visión que tenía de su propio trabajo, algo que explica en la carta que, en 1944, mandó a su sobrino Rudolf Escher:
>
> «En primer lugar, mi obra está relacionada estrechamente con la división regular del plano. Todas las imágenes de los últimos años provienen de ahí, del principio de las figuras congruentes, que, sin dejar ningún espacio abierto, llenan sin fin el plano o, al menos, lo hacen de forma ilimitada».

Límite cuadrado.

Más y más pequeño.

PROPUESTAS DE TRABAJO

1. Busca en revistas y periódicos fotografías de una flor, una estrella de mar, el rostro de una persona y un edificio. Señala en cada una de ellas el centro o el eje de simetría.

2. Entra en una web especializada en baldosas hidráulicas, como http://www.solmosaicos.com. Inspírate en las fotografías de su catálogo y diseña un suelo de mosaico combinando distintos tipos de baldosas.

3. Haz una composición a partir de una letra que te guste. Traza rectas concurrentes desde puntos exteriores a ella y dibuja figuras semejantes más grandes y más pequeñas.

   Utiliza para el trazado de las paralelas la escuadra y el cartabón.

4. Sobre un papel pautado con cuadrícula —puede ser una hoja de tu cuaderno—, dibuja un mosaico con el hueso nazarí y píntalo con los colores elegidos por ti.

5. Realiza un damero donde una parte esté hecha a partir de una red de circunferencias como la propuesta por Vasarely.

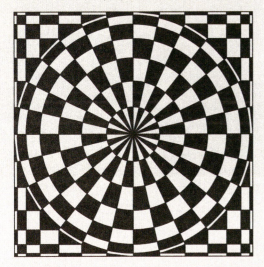
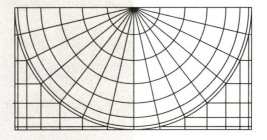

6. Tanto en la pintura como en la fotografía los reflejos de las imágenes se utilizan de forma habitual para crear escenas sugerentes aplicando las leyes de la simetría. Realiza varias fotografías donde se vean personas, objetos o a ti mismo reflejados en una superficie, un espejo, el agua, el cristal de un escaparate…

04 La composición
MAPAS CONCEPTUALES

ACTIVIDADES

1. ¿Qué es una composición?
2. ¿Qué principios o fines debemos tener en cuenta en todo proceso de composición?
3. ¿Qué es la proporción?
4. ¿Qué tipos de ritmo visual conoces?
5. ¿En función de qué atribuimos el peso visual a cada elemento de la composición?
6. Enumera los tipos básicos de composición.

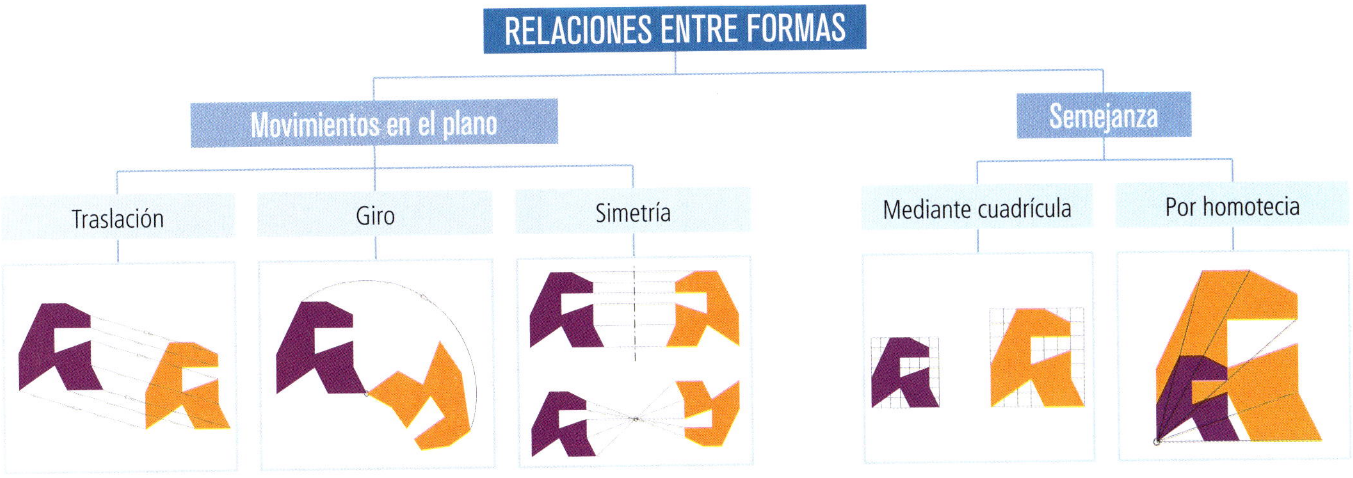

RELACIONES ENTRE FORMAS

Movimientos en el plano
- Traslación
- Giro
- Simetría

Semejanza
- Mediante cuadrícula
- Por homotecia

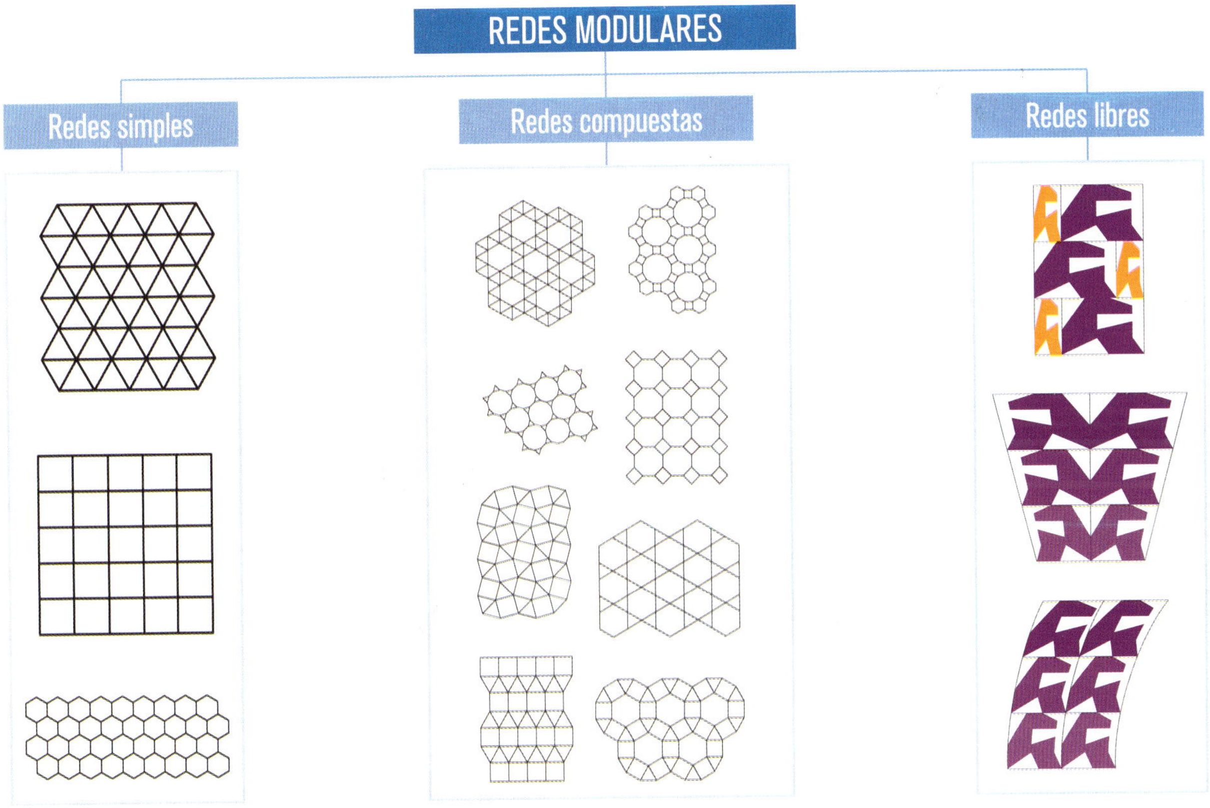

REDES MODULARES

- Redes simples
- Redes compuestas
- Redes libres

ACTIVIDADES

1. ¿Qué características tienen las figuras y sus transformadas cuando se les aplica un movimiento en el plano?

2. ¿Cómo son dos figuras semejantes entre sí?

3. ¿Qué polígonos regulares pueden formar redes modulares simples?

4. ¿Cómo se encuentran formadas las redes modulares compuestas?

5. ¿Qué procedimientos puedes aplicar para componer una red modular libre?

6. ¿Cómo se obtiene la pajarita nazarí? ¿Y el hueso?

04 La composición

EVALUACIÓN

1 Con cartulinas de diversos colores, recorta trozos de distintos tamaños y formas geométricas, como las que se muestran en la fotografía inferior.

Divide un folio en dos partes iguales y organiza los trozos en cada una de ellas de manera que ilustren los términos «composición estática» y «composición dinámica».

2 Utilizando la simetría axial, diseña un cartel para alguna de las asignaturas o como portada para los apuntes. Complétalo con colores.

Puedes hacerlo con ayuda del ordenador utilizando las transformaciones geométricas que permiten los programas de retoque fotográfico.

3 Indica los ritmos compositivos empleados en las siguientes composiciones: repetición, alternancia, giro, simetría, ritmo creciente o decreciente y deformación.

4 Con una paleta limitada a tres o cuatro colores, dibuja sobre una trama de triángulos una composición que incluya distintos motivos vegetales o geométricos.

Sírvete para ello de la traslación y de la alternancia.

Observa el diseño del tejido marroquí que te mostramos y utilízalo como modelo. Junto a tus compañeros, puedes trabajar una composición en grande a modo de mural.

5 Dibuja dos casos de rotación de un cuadrado y de un triángulo haciéndolos girar un número constante de grados sobre su centro o sobre su vértice. Observa los siguientes ejemplos:

6 Sobre una red básica triangular, crea un módulo sencillo que te facilite su ensamblado en combinaciones y posiciones diferentes, pero sin dejar huecos, tal como se indica en el modelo.

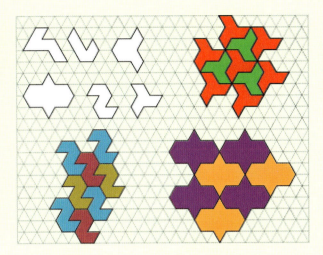

7 Diseña una red deformada siguiendo un ritmo creciente o decreciente.

Observa la ilustración de una alumna que ha utilizado una trama decreciente con deformación del módulo para inspirarte.

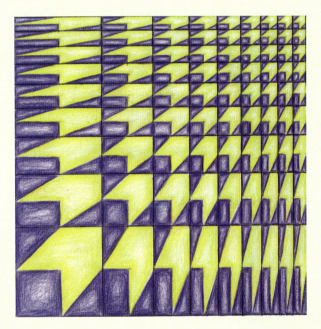

DIARIO DE APRENDIZAJE

¿He cumplido con el objetivo que me planteé alcanzar en esta unidad?

05 El volumen

Esta obra de Dalí está inspirada en las pinturas que decoraban los altares de las iglesias católicas del Renacimiento, especialmente en el cuadro *Pala de Brera*, del pintor Piero della Francesca.

En el esquema, observamos que las líneas que dan profundidad al cuadro se encuentran en el llamado punto de fuga de la perspectiva cónica.

¿Tengo claro el significado de todas las palabras que aparecen en estas páginas?

¿Qué aspectos comunes destacarías de los dos cuadros que se muestran? Piensa qué relación tienen con el tema de esta unidad.

Observa la trama superpuesta en el cuadro de Dalí e intenta hacer lo mismo en el cuadro del pintor Piero della Francesca. Marca sobre un papel vegetal las líneas principales que revelan el volumen y la perspectiva de la imagen. Después, compártelo con tus compañeros para ver si habéis obtenido resultados similares.

La Madonna de Port Lligat (estudio), 1949, Salvador Dalí.

Pala de Brera, 1472, Piero della Francesca.

05 El volumen — LENGUAJE VISUAL Y PLÁSTICO

01 El volumen

El **volumen** es el **espacio tridimensional** (anchura, profundidad y altura) limitado por una superficie **que ocupan los cuerpos en la realidad.**

Podemos percibirlo por el **sentido de la vista,** cuando detectamos la altura, anchura y profundidad de los objetos, y por el del **tacto,** cuando apreciamos dimensiones y texturas asociadas a las superficies de dicho volumen.

Cuando hablamos de volumen, podemos considerarlo de dos maneras:

- El **volumen real** de los objetos. Su realización es la finalidad de ámbitos como la escultura, el diseño industrial y de interiores y la arquitectura.

- El **volumen representado** que puede ser de dos tipos:

  - **Descrito.** Su propósito es hacer una descripción objetiva del volumen, como en el plano de una casa.

  - **Simulado.** Se trata de representar el volumen en un soporte plano o bidimensional para que este se perciba como tridimensional.

Volumen real

Escultura
Figura reclinada, de Henry Moore.

Arquitectura
Villa Savoye, de Le Corbusier.

Diseño industrial
Sillón Paimio, de Alvar Aalto.

Volumen representado o simulado

Dibujo
Manos. Alberto Durero consigue acentuar la percepción del volumen gracias al contraste entre las luces y las sombras de la escena.

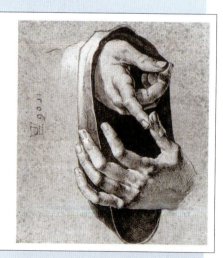

Pintura
La lección de música. Johannes Vermeer trabaja la perspectiva y el modelado de la luz sobre los objetos para representar el espacio de la habitación.

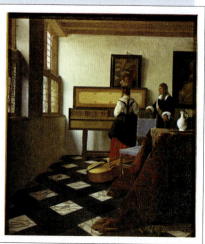

02 El volumen simulado: la sensación de profundidad

Hay una serie de **métodos** y técnicas que nos ayudan a **representar el volumen en el plano** y dan **sensación de profundidad**. Algunos son la superposición o traslapo y la perspectiva.

02.1 La superposición o traslapo

La superposición de formas sobre un fondo permite **representar** de manera sencilla la sensación **delante-detrás** del espacio tridimensional.

Esto implica que, excepto las formas que están en primer plano, el resto son representaciones incompletas para simular que quedan ocultas por las que están delante. Se puede realizar así, ya que se cumple la ley del cierre de la Gestalt.

02.2 La perspectiva

Revolución del viaducto, de Paul Klee. El pintor utiliza la superposición para dar sensación de profundidad.

La perspectiva es la **técnica más eficaz** para **representar la sensación de profundidad** en el plano.

Existen distintos tipos de perspectiva, pero la que mejor reproduce la apariencia de los objetos tal y como los percibimos es la **cónica** o **lineal**. Algunas de sus **claves** facilitan la comprensión del carácter tridimensional de los objetos representados dentro de los límites del dibujo bidimensional:

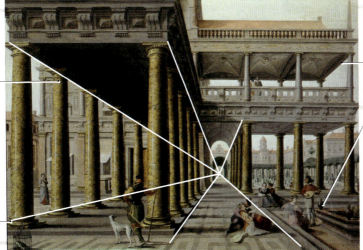

Disminución del tamaño de los objetos con la distancia.

Convergencia de líneas paralelas.

Escorzo. Se acorta la representación de la profundidad de los elementos oblicuos y perpendiculares al plano del dibujo o del cuadro.

Superposición de formas.

La **perspectiva aérea** o **atmosférica** trata de representar la profundidad del espacio atmosférico, por el cual se altera la percepción de los objetos en función de su lejanía respecto del espectador.

Se plasma mediante el grado de definición de los contornos de las formas y el color. Cuanto más aumenta la distancia respecto del observador, la definición de los contornos y texturas disminuye, y los colores se muestran menos saturados y más fríos.

Perspectiva atmosférica. Los elementos lejanos pierden nitidez y saturación y se enfrían por el efecto de las partículas en suspensión del aire.

03 El volumen simulado: el claroscuro

03.1 El claroscuro

El **claroscuro** es el **efecto** que produce la **luz sobre los objetos** y que nos permite percibir visualmente su volumen. El resultado del claroscuro depende de la iluminación y de las características de los cuerpos iluminados, como su material, textura y color.

En el **ámbito artístico,** denominamos **claroscuro** a la distribución y gradación de tonos entre luces y sombras para conseguir representar el relieve de cuerpos y superficies, es decir, para **simular el volumen.**

Para la realización del claroscuro son determinantes:

- El **estudio de la iluminación** de los objetos.
- El **análisis de las sombras** y los **valores acromáticos.**

Uno de los máximos exponentes pictóricos del claroscuro fue el pintor barroco italiano Caravaggio. Dicho artista llevó su utilización al extremo en el llamado **estilo tenebrista,** caracterizado por los grandes contrastes entre los fondos oscuros o en penumbra, y las zonas iluminadas mediante luces focalizadas en pequeñas áreas.

Pero el claroscuro no siempre se utiliza de manera tan rotunda, sino que abarca toda suerte de transiciones entre luces y sombras, desde las contrastadas a las más sutiles.

La vocación de san Mateo, de Caravaggio.
Esta obra presenta un claroscuro muy contrastado. La luz se proyecta de manera dirigida sobre los rostros y manos de los personajes, destacándolos respecto del fondo, que queda en penumbra.

Estudio de drapeado, de Alberto Durero.
En esta obra, Durero analizó las luces y sombras de los pliegues de las telas, que representó con una gran riqueza de transiciones.

03.2 La luz en la iluminación de los objetos

La luz es la energía que, en forma de **radiación electromagnética**, nos **permite ver los objetos** que están ante nosotros.

En función del modo en que iluminemos una determinada escena, obtendremos distintos efectos en la percepción de los volúmenes que haya en ella. Esto dependerá principalmente de la fuente de luz, su dispersión y su dirección.

> Recuerda que vemos los objetos porque a nuestros ojos llega la luz que estos reflejan. Si los cuerpos no reciben luz, no podemos verlos. Mediante la **técnica del claroscuro** los artistas modelan visualmente las formas imitando este efecto físico.

Fuentes de luz

Luz natural
Procede del sol. Es variable en función de la hora del día, de la estación del año y de la localización espacial.

Luz artificial
Procede de cualquier luminaria artificial (incandescente, fluorescente…). Suele emitir una luz constante que podemos controlar.

Dispersión de la luz

Luz dura
Es la que produce el Sol de mediodía o los focos que apuntan a la escena. Presenta poca dispersión, por lo que los contrastes entre luz y sombra son fuertes.

Luz suave
Es la que se produce en un día nublado o mediante pantallas reflectoras. La luz resulta difusa, reduce las sombras y las transiciones son suaves.

La **dirección de la luz** varía en función de la ubicación del foco luminoso respecto del objeto que ilumina. Puede ser:

Cenital
El foco se sitúa encima del objeto y la luz cae verticalmente sobre él. Genera contrastes.

Frontal
El foco de luz está delante del objeto. Si es luz directa los volúmenes se aplanan.

Lateral
El foco ilumina desde uno de los lados. Se acentúa el efecto de relieve en los volúmenes.

Baja o nadir
La luz llega de abajo. El relieve se entiende con más dificultad, por lo que esta iluminación suele asociarse a un efecto de misterio.

Contraluz
La luz llega desde la parte posterior del objeto. Se pierden los contrastes dentro del volumen y se destaca la silueta de la figura.

Combinada
Hay varios focos de luz colocados en distintos puntos, para realzar los volúmenes que más interesen en cada caso.

03.3 La sombra y los valores acromáticos

La sombra se produce cuando la **luz encuentra un objeto en su trayectoria.** El objeto interrumpe el paso de los rayos de luz, absorbe una parte de ellos y el resto lo refleja. Como resultado, tras el objeto no hay luz sino sombra.

Es precisamente la transición entre luz y sombra, ya sea suave o marcada, la que nos proporciona los datos necesarios para entender el volumen y la forma del objeto. En este proceso se generan distintos tipos de **zonas:**

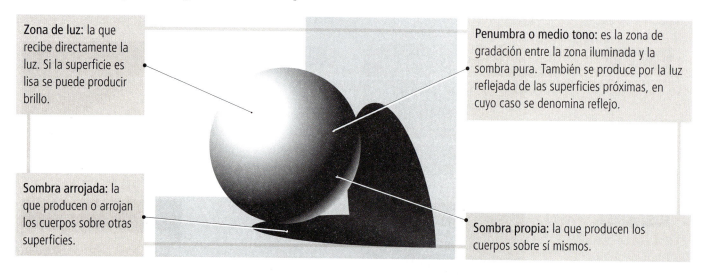

Zona de luz: la que recibe directamente la luz. Si la superficie es lisa se puede producir brillo.

Sombra arrojada: la que producen o arrojan los cuerpos sobre otras superficies.

Penumbra o medio tono: es la zona de gradación entre la zona iluminada y la sombra pura. También se produce por la luz reflejada de las superficies próximas, en cuyo caso se denomina reflejo.

Sombra propia: la que producen los cuerpos sobre sí mismos.

Para definir todas estas zonas recurrimos a una **escala de valor** o **luminosidad.**

El **valor** es el **grado de claridad u oscuridad de los tonos.** Por ello, cuando queremos recrear el volumen de un objeto debemos «valorar el volumen» o «valorar los tonos».

Escala de valores acromáticos

La escala de valores acromáticos va del negro, valor nulo, al blanco, máximo valor de luminosidad, pasando por todos los grises intermedios.

En cualquier escena podemos establecer correspondencias entre los valores de los volúmenes y una escala de grises.

Valoración de tonos de una esfera iluminada con luz suave

Hay poca diferencia entre las zonas de luz y las de sombra.

Correspondencia con los valores de la escala acromática: 9, 8, 7 y 5.

Valoración de tonos de una esfera iluminada con luz dura

Hay más contraste entre las zonas de luz y las de sombra.

Correspondencia con los valores de la escala acromática: 10-B (blanco), 9, 8, 6, 4 y 3.

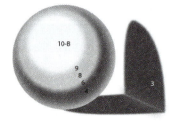

04 El volumen real como modelo para el simulado

Pasar del plano al volumen puede ser sencillo: si doblamos, curvamos o arrugamos un plano, ya le hemos añadido la tercera dimensión.

Si además lo iluminamos adecuadamente, puede servir de volumen modelo para estudiar y reproducir el claroscuro.

Observa cómo varían las **transiciones** entre las zonas de **luz** y las de **sombra** en función de cómo sean las superficies.

Superficies con caras planas

Si las superficies están formadas por caras planas, los valores de las zonas de luz y sombra cambian de una cara a otra.

Dibujo del artista Issam Saadi.

Superficies curvas

Si las superficies son curvas, las transiciones entre las zonas de luz y sombra son suaves y graduales.

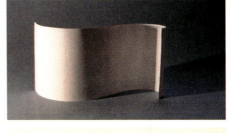

Dibujo del artista Issam Saadi.

En los dos casos anteriores, se producen reflejos en las zonas de sombra propia debido a la luz reflejada por las zonas iluminadas que están próximas.

También es muy interesante estudiar el claroscuro en cuerpos geométricos como cubos, prismas, cilindros, pirámides, conos o esferas.

El análisis de la iluminación y el volumen lo encontramos en el arte de distintas épocas, como en las obras contemporáneas *Ondas* y *Rotorilev*, ambas de Guillermo Pérez Villalta.

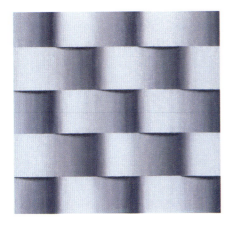

05 El volumen
EXPLORA EL ARTE

Lo racional en el arte: el neoplasticismo

El **neoplasticismo** fue una **corriente artística** promovida por el pintor holandés Piet Mondrian que, junto a los artistas Theo van Doesburg y Bart Vander, en 1917 fundó el grupo De Stijl ('El Estilo') y la revista del mismo nombre. Esta publicación se convirtió en el medio de difusión de sus planteamientos, que en 1920 Mondrian sintetizó en un ensayo titulado *Neo-Plasticism*, donde sugería que el arte abstracto expresaba mejor los valores espirituales del hombre.

Los neoplasticistas trataban de crear una armonía que mejorara la sociedad que surgió tras la Primera Guerra Mundial (1914–1918). Buscaban la esencia del arte al despojar a la forma de todo elemento accesorio a través de un **lenguaje objetivo** y **universal.** Para ello, defendieron el uso de formas geométricas básicas (cubos, líneas verticales y horizontales), de colores primarios y del «no color» (blanco, gris y negro).

> En las siguientes web del Museo de Arte Moderno de Nueva York (MOMA) y el Instituto de Arte de Chicago podrás profundizar en la obra de Georges Vantongerloo.
>
> http://www.moma.org/collection/artists/6091
>
> http://www.artic.edu/aic/collections/artwork/artist/Vantongerloo,+Georges

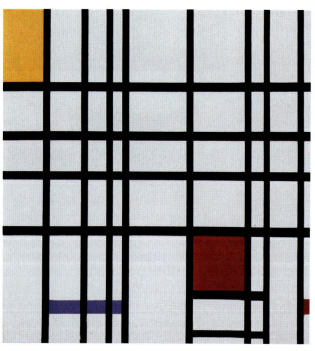

Composición amarillo, azul y rojo (1937–1942)

Piet Mondrian defiende en esta obra, expuesta en la Tate Gallery de Londres, un proceso de abstracción gradual por el cual las formas se van reduciendo a líneas rectas horizontales y verticales, negras, blancas y grises, junto con colores primarios.

Georges Vantongerloo

De origen belga, Georges Vantongerloo (1886–1965) fue un escultor, pintor y teórico del arte. Formó parte del grupo De Stijl y fue uno de los fundadores del grupo Abstraction-Création, integrado por artistas deseosos de promocionar la abstracción frente al arte figurativo.

Fue de los primeros artistas abstractos cuya obra siguió el principio horizontal-vertical de De Stijl. Defendió la simplificación y la lógica frente a la tradición y el sentimiento en el arte, llevando a cabo sus principios de forma minuciosa en su taller, como podemos ver en la imagen.

«El volumen y el vacío son iguales al espacio. Por tanto, el volumen más el vacío forman el espacio, es decir, los contornos exteriores de un volumen».

De Stijl, vol. I, n.º 9, 1918, pp. 97-98.

05 El volumen
LECTURA DE LA IMAGEN

LECTURA OBJETIVA

Volumen

El volumen escultórico se resuelve a través de la división en planos y bloques rectangulares.

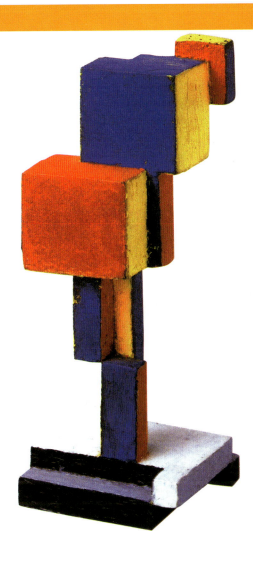

Ficha técnica

- **Autor:** Georges Vantongerloo
- **Título:** *Composición emanante del ovoide*
- **Año:** 1918
- **Tamaño:** 17 × 6,5 × 6,5 cm
- **Técnica:** Madera coloreada
- **Colección:** Collection Angela Thomas Schmid, Zumikon (Suiza)

Color

Vantongerloo aplica los colores primarios junto al «no color»: blanco, gris y negro.

Forma

Las formas geométricas, las líneas horizontales y verticales se cortan y se interrelacionan. De esta manera, el autor logra la sensación de volumen cerrado.

LECTURA SUBJETIVA

La imagen representa una pequeña estructura cúbica, que aun siendo una escultura, se percibe también como un objeto pictórico. Sus caras están coloreadas en rojo, amarillo, azul, blanco, gris y negro.

En sus escritos, Georges Vantongerloo proponía una nueva explicación de la realidad fundamentada en aspectos constructivos: formas puras, color plano y volumen mesurable.

Entendía el arte como algo que afecta al entorno humano y que debe favorecer la construcción de una nueva sociedad donde las relaciones sean más armónicas. El neoplasticismo se identificaba con una realidad abstracta y con la creación de un vocabulario muy esencial basado en la geometría.

Vantongerloo aplicó las matemáticas a sus composiciones geométricas en sus obras pictóricas y escultóricas de la década de 1920. Muy centrado en la creación de su obra, gustaba de retratarse en su taller trabajando en sus pinturas y esculturas.

05 El volumen
TÉCNICAS ARTÍSTICAS

El carboncillo

El carboncillo es una **barra de carbón de origen vegetal.** El carbón es el más antiguo de los medios usados para dibujar, pues ha sido utilizado en los frescos desde la Antigüedad hasta el Renacimiento. Muchos artistas lo han empleado para hacer apuntes del natural o esbozar composiciones sobre el lienzo, a modo de bocetos preparatorios para sus pinturas al óleo.

Características

Las partículas del carbón no se fijan a la superficie del papel, por lo que es **fácil borrarlas** y **difuminarlas** con el dedo o un difumino. Puede combinarse con lápiz, témpera, tiza o pastel para conseguir resultados especiales.

¿Cómo se trabaja?

1. Puedes utilizar el carbón de dos maneras: **de punta**, para obtener líneas, o **de costado,** para generar planos de grises. El papel debe tener un grano bastante marcado y ser lo suficientemente fuerte para que resista los frotes y el borrado.

2. Al frotar el carboncillo con un trapo, esponja o difumino, puedes generar **efectos de grises.**

3. Cuando quieras **borrar** el carboncillo, debes tener en cuenta que no se puede borrar del todo. Por tanto, hay que dibujar con mucha concentración para no equivocarse. Existen gomas de caucho blando que son las que mejor borran el carboncillo.

4. Al terminar un dibujo de carboncillo, debes aplicar un espray (laca o fijador de pelo) para **fijarlo** y que no se desprendan las partículas de carbón.

ACTIVIDADES

Realiza un autorretrato a carboncillo.

1. Busca una imagen fotográfica de tu rostro y después haz una fotocopia en escala de grises donde se aprecien las luces y las sombras.

2. Elige un papel con textura tipo CANSON o similar. Dibuja con el carboncillo las zonas oscuras y con el difumino, el dedo o un trapo, trata las zonas de grises.

    Si deseas destacar las luces, utiliza tiza blanca o una goma de caucho blando.

3. Al finalizar, aplica un espray fijador para que no se desprendan las partículas de carbón y que el dibujo no se borre.

Materiales

El **carbón** se presenta en muchas modalidades diferentes. Los lápices de carbón comprimido pueden ser duros, blandos o intermedios.

El carboncillo se presenta en diferentes anchuras: grueso, medio y fino. Las barras de carbón comprimido sirven para cubrir zonas amplias.

Retrato de Santiago Rusiñol, de Ramon Casas

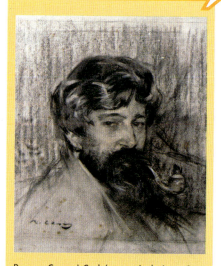

Ramon Casas i Carbó retrató al pintor Santiago Rusiñol empleando la técnica del carboncillo sobre papel.

La oscuridad de un negro intenso predomina frente a las zonas más claras.

PROPUESTAS DE TRABAJO

1. Busca una fotografía en blanco y negro y encuentra al menos cuatro correspondencias con la escala de valores acromáticos, tal y como se explica en la unidad.

2. Forma un equipo de cinco compañeros para realizar la siguiente propuesta de trabajo:

   a. Elegid tres objetos y componed un bodegón en un espacio que se pueda dejar en penumbra.

   b. Iluminad la escena con una linterna, que actuará de foco luminoso, en distintas posiciones según los tipos de dirección de luz estudiados. Recordad que en la iluminación combinada se necesita más de una linterna.

   c. Realizad una fotografía de la escena en cada caso.

   d. Después, realizad un montaje digital en cualquier programa de ordenador que tengáis disponible, colocando la fotografía e indicando qué tipo de iluminación habéis utilizado en cada caso (cenital, frontal, lateral, baja o nadir, contraluz y combinada).

3. Busca en internet los dos cuadros que aparecen en el apartado del claroscuro, e insértalos en un documento de word. Con el comando Color de la barra de Herramientas de imagen, ponlas en blanco y negro. ¿Qué observas? ¿Cuál es la proporción de blanco y de negro en cada uno de ellos?

La vocación de san Mateo, de Caravaggio.

Estudio de drapeado, de Alberto Durero.

4. A partir de una cartulina blanca, realiza un volumen por plegados del plano. Puedes fijarte en los ejemplos de papel plegado de la página 119.

   a. Ilumínalo con una luz dirigida.

   b. Dibuja las líneas que definen el objeto plegado con un lápiz de grafito de dureza media (HB).

   c. Sobre el dibujo de línea, reproduce el claroscuro del modelo con lápices de grafito blandos (B, 3B…).

5. Realiza una escultura en grupo buscando cajas, trozos de madera, prismas de porexpan y otros materiales de desecho de diferentes tamaños y pégalos formando una escultura expresiva al estilo Vantorgerloo, pintándolos con colores primarios junto al «no color»: blanco, gris y negro.

05 El volumen — LENGUAJE TÉCNICO

05 Del plano a las formas tridimensionales

05.1 Formación de los cuerpos tridimensionales

El estudio del volumen puede abordarse desde dos puntos de vista: la formación de los cuerpos tridimensionales y la representación del volumen sobre una superficie bidimensional.

Si representamos en un plano todas las superficies que forman un cuerpo tridimensional y las plegamos, podremos obtener dicho cuerpo. Al **dibujo** plano de las **superficies** de un **sólido geométrico** lo llamamos **desarrollo**.

A continuación, vamos a estudiar las **superficies geométricas desarrollables de** los poliedros regulares y de otros de gran utilidad en el mundo del diseño, como los poliedros arquimedianos y los estrellados. Recuerda que un **poliedro** es un cuerpo geométrico limitado por planos poligonales.

En el diseño de la entrada al Museo del Louvre (París) se empleó una pirámide de cristal y su desarrollo, que se despliega por la plaza.

05.2 Poliedros regulares

Hay cinco poliedros regulares. Son aquellos en los que **todas sus caras son polígonos regulares**: triángulos equiláteros, cuadrados y pentágonos.

Tetraedro
Cuatro caras que son triángulos equiláteros.

Cubo
Seis caras que son cuadrados.

Octaedro
Ocho caras que son triángulos equiláteros.

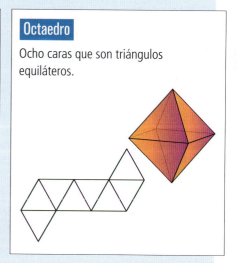

Icosaedro
Veinte caras que son triángulos equiláteros.

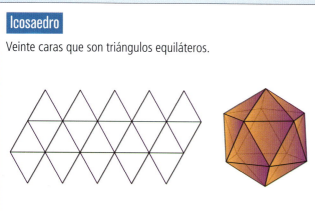

Dodecaedro
Doce caras que son pentágonos regulares.

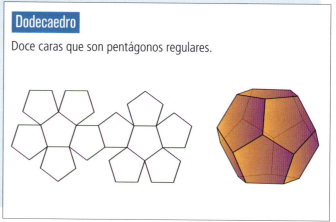

05.3 Poliedros arquimedianos

Cortando los poliedros regulares se obtienen otros poliedros que tienen todas sus **caras regulares pero no iguales.** A estos poliedros se los llama arquimedianos o semirregulares.

Tetraedro truncado
Formado por cuatro hexágonos y cuatro triángulos equiláteros.

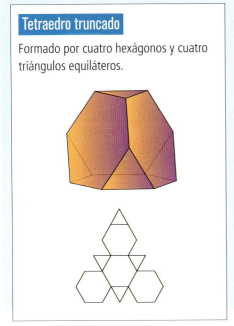

Rombicuboctaedro
Formado por dieciocho cuadrados y ocho triángulos equiláteros.

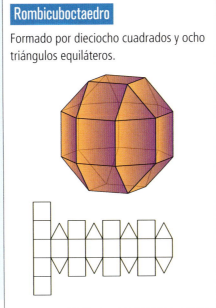

Octaedro
Formado por veinte hexágonos y doce pentágonos.

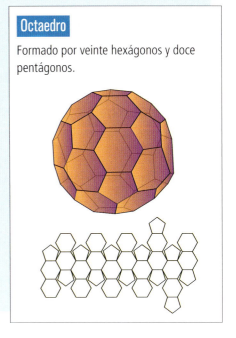

05.4 Poliedros estrellados

Si tomamos determinados poliedros regulares como núcleo y alargamos sus caras o aristas, obtenemos **estrellas tridimensionales,** unos poliedros muy utilizados en decoración.

Estrella octogonal
Prolongando las caras de un octaedro obtenemos la llamada estrella octogonal.

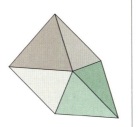

Dodecaedro estrellado
Prolongando las aristas de un dodecaedro se obtiene el dodecaedro estrellado.

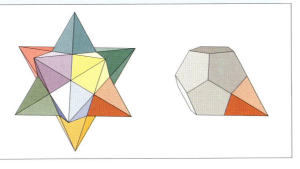

06 Representación objetiva de la forma

La finalidad de la **geometría descriptiva** es la representación objetiva de las formas tridimensionales sobre un plano. Tiene distintos **sistemas de representación** que sirven tanto para describir objetos como espacios abiertos y cerrados.

06.1 Proyecciones

Para poder dibujar sobre el plano las figuras y los cuerpos del espacio, debemos recurrir a las proyecciones. Llamamos **proyección** a la imagen que produce la intersección de los rayos proyectantes sobre un plano, llamado plano de proyección.

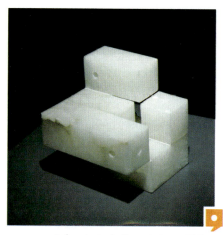

Laboratorio de tizas, de Jorge Oteiza.

Proyección cónica

Cuando los rayos proyectantes parten de un centro de proyección.

Proyección cilíndrica

Cuando los rayos proyectantes son paralelos entre sí. Si estos rayos son perpendiculares al plano de proyección, se llama proyección **ortogonal.** Si los rayos proyectantes, además de ser paralelos entre sí, se proyectan oblicuamente, se llama proyección **oblicua.**

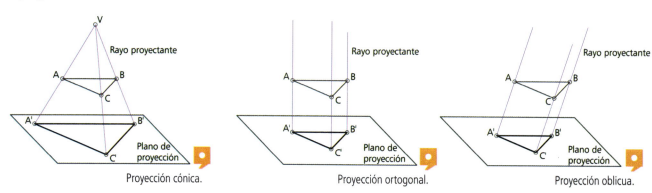

Proyección cónica.   Proyección ortogonal.   Proyección oblicua.

06.2 Sistemas de representación

Las proyecciones originan los diferentes sistemas de representación. Citamos a continuación los que vamos a estudiar en esta unidad, en la que hemos usado como ejemplo una simplificación del volumen de la escultura *Cubos abiertos* de Jorge Oteiza.

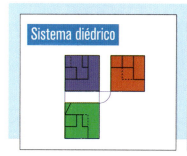

07 Sistema diédrico

> El sistema diédrico es un sistema de representación que emplea una **proyección cilíndrica ortogonal**.

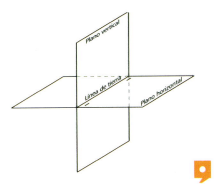

Planos en el sistema diédrico.

De esta forma, las figuras se proyectan sobre dos planos perpendiculares entre sí: el plano vertical **(PV)** y el plano horizontal **(PH)**.

Al cortarse, estos planos forman la línea de tierra **(LT)** y dividen el espacio en cuatro cuadrantes o diedros.

El sistema diédrico lo vamos a aplicar en la definición de las **vistas** de una pieza: alzado, planta y perfil.

- El **alzado** es la proyección sobre el plano vertical.
- La **planta** es la proyección sobre el plano horizontal.
- Si resulta necesario, utilizamos un tercer plano, llamado de **perfil**, para completar la información de la pieza.

Vistas de un objeto en sistema diédrico

Un objeto se representará ortogonalmente en los tres planos mediante el siguiente procedimiento:

- Para dibujar el objeto en dos dimensiones, el plano de perfil y el horizontal se despliegan hasta quedar alineados con el vertical.
- De esta forma, tenemos en un solo plano las proyecciones de la figura.
- Así, obtendremos la representación en un orden concreto que denominamos «del primer diedro»: la planta siempre quedará debajo del alzado y el perfil izquierdo se situará a la derecha del alzado.

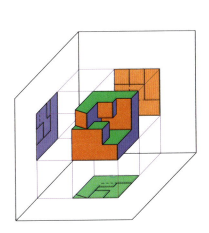 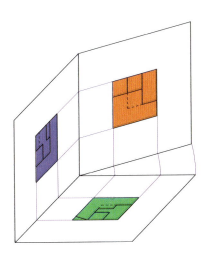 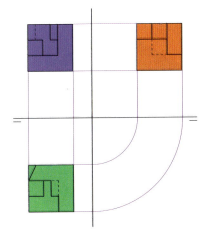

08 Sistema axonométrico

En el sistema axonométrico los rayos de proyección son perpendiculares al plano del dibujo; por lo tanto, nos estamos refiriendo a una proyección cilíndrica ortogonal.

Según el ángulo que formen los ejes entre sí, obtendremos los distintos tipos de axonometrías: isométrica, dimétrica y trimétrica.

Ejes de perspectiva isométrica, dimétrica y trimétrica.

08.1 Perspectiva isométrica

Los tres ejes X, Y, Z que definen esta perspectiva forman el mismo ángulo entre sí: 120°.

En esta perspectiva, todos los ejes están oblicuos al plano del cuadro y no se ven las medidas reales, es decir, no se ven en su verdadera magnitud.

Como la deformación que tienen es la misma en los tres ejes, podemos trabajar sin perder la proporción de la figura en dibujo isométrico, el cual no aplica ninguna reducción y facilita los trazados de las figuras en perspectiva isométrica.

Una forma eficaz de realizar la perspectiva isométrica es utilizando una retícula isométrica o red triangular en la que están trazadas las direcciones de los ejes y sus divisiones.

Hay que tener en cuenta que en la trama deben estar en posición vertical las líneas que siguen la dirección del eje Z.

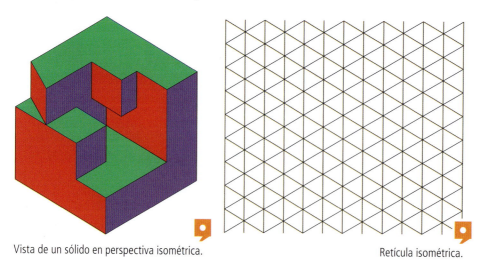

Vista de un sólido en perspectiva isométrica. Retícula isométrica.

08.2 Construcción de volúmenes en perspectiva isométrica

El cubo es capaz de macizar el espacio en su totalidad sirviendo para crear volúmenes modulares. Estos volúmenes modulares forman prismas con los que se pueden diseñar estructuras arquitectónicas de gran belleza y funcionalidad.

Las figuras geométricas obtenidas al juntar cuadrados del mismo tamaño compartiendo uno de sus lados se llaman poliminós.

Vamos a realizar la perspectiva isométrica de un poliminó transformándola en policubo.

1. Dibujamos la vista en planta de diferentes figuras creadas a partir del cuadrado formando así combinaciones como por ejemplo en forma de ele, de te, de hache…

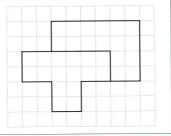

2. Pasamos el diseño obtenido a una retícula isométrica.

3. Levantamos diferentes alturas para diferenciar los volúmenes.

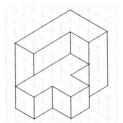

4. Coloreamos las caras con diferentes tonos de sombra o bien de color, simulando zonas iluminadas y en sombra para resaltar la sensación de volumen.

08.3 Construcción de volúmenes con circunferencias

En la perspectiva isométrica, la circunferencia, al verse desde una posición oblicua, se convierte en una elipse. Para trazarla sin dificultad, usaremos el óvalo isométrico, inscrito en el rombo, cuyos centros se encuentran con facilidad.

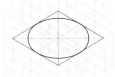

1. Dibujamos figuras cilíndricas empezando el trazado de la circunferencia que nos servirá de base. Necesitaremos otra circunferencia paralela a la trazada, con una altura deseada, que será la base superior.

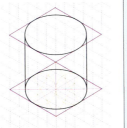

2. Desde el punto de corte de los óvalos con la diagonal horizontal del óvalo trazamos las rectas verticales que unirán ambas bases.

3. Borramos parte de la base que queda en el interior para que el cilindro sea opaco.

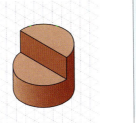

4. Damos sombra a las caras curvas con transiciones entre las zonas de luz y sombra suaves y graduales.

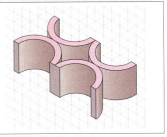

09 Perspectiva caballera

> En la perspectiva caballera, dibujamos un objeto tridimensional sobre un plano que llamamos plano del dibujo. Sobre él vamos a simular las tres dimensiones (anchura, profundidad y altura), apoyados sobre los tres ejes X, Y, Z, que definen esta perspectiva.

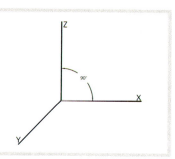

Los ejes X y Z sobre los que representamos la anchura y la altura de los objetos forman siempre un ángulo de 90° y en ellos se conservan las medidas reales de los objetos.

El eje Y puede formar distintos ángulos con el eje X, variando con ello la orientación de la pieza.

El más usual es el de 135°, que conseguimos trazando la bisectriz de los ejes X y Z.

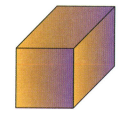

Medidas sin reducción   Medidas con reducción ½ en eje Y

En el eje Y representamos la profundidad aplicando siempre un coeficiente de reducción. Este es la disminución que aplicamos a las medidas de la profundidad, paralelas al eje Y, en perspectiva caballera.

El más fácil de aplicar es el de ½, para que la figura parezca más proporcionada.

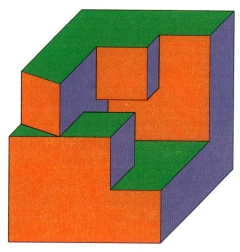

Representación gráfica de la figura con el eje Y a 135° respecto al eje X y utilizando un coeficiente de reducción sobre el eje Y de 2/3.

09.1 Construcción de volúmenes en perspectiva caballera

En la perspectiva caballera, la vista frontal del objeto conserva la forma y las proporciones por lo que será el principio de nuestro trazado.

- Dibujamos el alzado de un poliminó, conservando las proporciones en una cuadrícula.

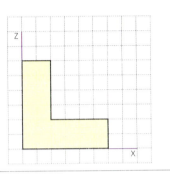

- Representamos la profundidad sobre la diagonal en la cuadrícula. De este modo, al unir cada punto obtenido encontramos la cara anterior del volumen.

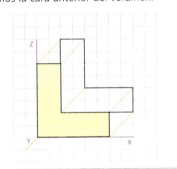

- Coloreamos las caras con diferentes tonos de sombra o bien de color, simulando zonas iluminadas y en sombra para resaltar la sensación de volumen.

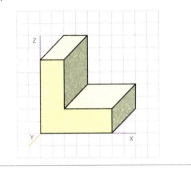

09.2 Variación del punto de vista al cambiar la posición del eje Y

Al variar la posición del eje Y en la perspectiva caballera, obtenemos diferentes puntos de vista del objeto.

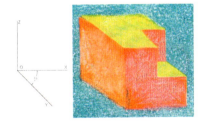

De la misma manera que el pintor Vasarely, podemos realizar con el cubo y el color composiciones en las que utilicemos distintos puntos de vista a la vez, consiguiendo así sensaciones de movimiento.

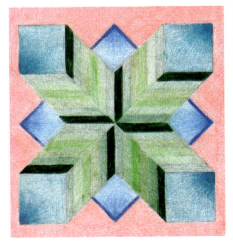
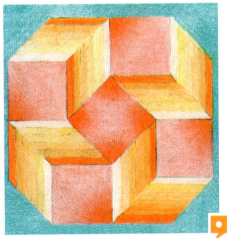

Trabajos realizados por alumnos variando, en el mismo dibujo, la posición del eje Y.

10 Perspectiva cónica

En la perspectiva cónica los rayos de proyección convergen en un punto llamado **punto de fuga (P)** y las figuras se proyectan sobre el **plano del cuadro (PC)**.

La perspectiva cónica es la que reproduce la realidad de la forma más parecida a como la vemos o la podemos captar con una cámara fotográfica. Es, por tanto, la perspectiva utilizada por los pintores que quieren representar de forma realista lo que nos rodea.

Dependiendo de la posición del espectador respecto al modelo, o de la posición del objeto con respecto al plano del cuadro, se distinguen dos tipos de perspectiva:

El análisis de fotografías urbanas o de interiores nos permite estudiar, igual que lo hicieron los pintores del Renacimiento, los fundamentos de la perspectiva cónica para después utilizarla en nuestras representaciones.

Perspectiva cónica frontal o de un punto de fuga.

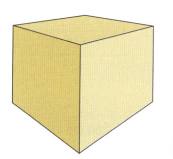

Perspectiva cónica oblicua o de dos puntos de fuga.

10.1 Perspectiva cónica frontal

La perspectiva cónica de un punto de fuga o perspectiva frontal es aquella en la que **el objeto tiene una de sus caras,** la que corresponde a la anchura y altura del objeto, paralela al plano del cuadro y, por tanto, **de frente al observador.**

Las aristas que determinan la profundidad convergen en un punto, el punto de fuga **(P)**. Este se sitúa sobre la línea de horizonte **(LH)** y su altura es la misma que la del punto de vista **(V)** respecto al plano del suelo o plano geometral **(PG)**.

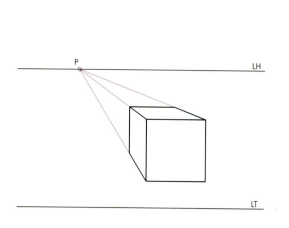

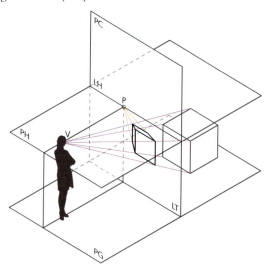

10.2 Aplicación de la cónica frontal

La perspectiva cónica frontal nos permite representar de forma realista espacios interiores.

Vamos a utilizar la perspectiva del cuadrado para dibujar un suelo embaldosado, un cubo y un espacio cúbico como el de una habitación.

Suelo cuadrado con baldosas blancas y negras

- Dibujamos en la parte inferior del papel la línea de tierra LT sobre la que colocamos un segmento AB que dividimos en partes iguales.

- Trazamos la línea de horizonte LH paralela a LT. Sobre ella, definimos el punto de fuga P y el medidor M, que nos permite medir la profundidad del cuadrado de arista AB.

- Para ello, desde el extremo A dibujamos una línea hasta el medidor M, que cortará a la línea de fuga en el punto donde cerramos el cuadrado con una paralela a la LT, ya que define su diagonal.

- Desde las divisiones del segmento AB, trazamos líneas de fuga hasta P. La diagonal de cuadrado corta cada línea de fuga en un punto por donde trazamos paralelas a LT para completar las baldosas.

- Las pintamos como un **damero** alternando blanco y negro.

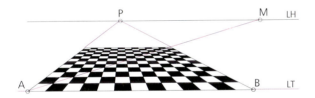

Cubos de diferente tamaño

Preparamos el sistema como en el dibujo anterior: LT, LH, punto de fuga P y medidor M.

- Dibujamos la arista AB de uno de los cuadrados partiendo de un punto cualquiera de la LT y completamos la base cuadrada del cubo trazando la diagonal llevando, para ello, una línea desde su extremo al medidor M.

- Sobre los extremos A y B, en la LT, levantamos la altura del cubo (arista) completando un cuadrado puesto de pie y llevamos todos sus vértices al punto de fuga P.

- En el punto donde se cortan la diagonal del cubo y la línea de fuga correspondiente trazaremos paralelas y perpendiculares a la LT para completar las aristas del cubo. Resaltamos con un trazado más grueso las aristas que se ven.

Podemos dibujar varios cubos de distinto tamaño y resaltar la **visibilidad** de la perspectiva ocultando parte de ellos.

Si quitamos la cara de delante tendremos un espacio cúbico como el de una habitación.

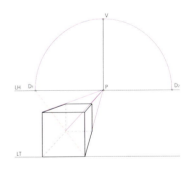

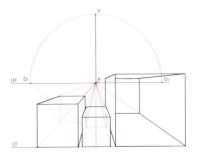

05 El volumen
EXPLORA EL ARTE

Arte y geometría

Herramientas para representar el volumen

El afán de representar el volumen sobre un plano ha llevado a científicos y artistas de todas las épocas a buscar herramientas que les ayudasen en este empeño, máquinas que además han favorecido el desarrollo de los sistemas de representación. Algunas de ellas son las que te presentamos a continuación.

Porticón

El porticón de Alberto Durero consiste en un cordón que se mantiene tenso gracias a una plomada colocada en uno de sus extremos. En el otro extremo, se sujeta una aguja que señala los distintos puntos del objeto, facilitando así su representación.

Holografía

La holografía es una imagen creada mediante un rayo láser que captura, desde una perspectiva adecuada, una imagen bidimensional. Después, a través de una película fotosensible a escala muy pequeña, se consigue proyectar imágenes tridimensionales.

Se utiliza en el cine para dar la sensación de sistemas de comunicación futuristas y crear escenas con presencias ficticias.

Estereograma

El estereograma es una imagen bidimensional que, al ser mirada desenfocando la visión, parece tridimensional. Es, por tanto, una ilusión óptica provocada en nuestro cerebro.

Los estereogramas son muy antiguos y se han utilizado distintos aparatos para mezclar la imagen de dos fotografías realizadas desde distintos puntos de vista para que el cerebro las perciba como una sola con profundidad.

Actualmente, se generan con programas de ordenador. Las ilusiones en tres dimensiones son una fantástica fusión de expresión artística y tecnología gráfica informática.

También el cine ha explorado esta técnica desde sus inicios, pero no ha sido hasta el siglo XXI, con la aparición del cine digital 3D que este formato parece haber alcanzado los mejores resultados. En la película *Avatar*, James Cameron perfeccionó las cámaras estereoscópicas, que utilizan dos lentes paralelas como nuestros ojos, para conseguir mayor realismo.

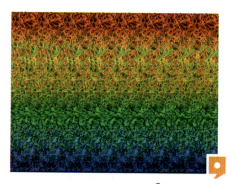

Estereograma.

Visor antiguo de estereogramas.

PROPUESTAS DE TRABAJO

1. Investiga sobre las proyecciones: realiza varias fotografías de objetos con su sombra variando la posición del foco de luz y observa las diferencias de su forma al utilizar luz artificial y luz natural. Anota los cambios que percibas o realiza diferentes fotografías.

2. Saca fotografías de varios objetos escolares de manera que se aprecie el alzado y el perfil y pégalas en tu cuaderno en la posición correcta.

3. Observa el cuadro *Damero y claroscuro*, del pintor Guillermo Pérez Villalta.

   Haz un dibujo en perspectiva caballera variando la posición del eje Y para que se aprecie que las figuras que aparecen son cubos.

4. Realiza, en perspectiva isométrica, figuras libres como las que puedes ver de ejemplo en esta página web:

   http://www.educacionplastica.net/epv1eso/SVG/red_isometrica.html

5. Recorta en las revistas o saca tú mismo fotografías en perspectiva cónica frontal y oblicua.

   Busca en ellas las líneas que convergen en los puntos de fuga y márcalas con un rotulador.

6. Investiga las distintas posibilidades de uso de los hologramas y estereogramas en el cine, las artes plásticas y la publicidad. Con la información obtenida, elabora en grupo una presentación para compartir con el resto de la clase.

05 El volumen
MAPAS CONCEPTUALES

ACTIVIDADES

1. ¿Qué es el claroscuro?
2. ¿Cuál es la escala de valores acromáticos?
3. En la perspectiva aérea o atmosférica, ¿qué se altera en la percepción de los elementos?
4. Cita algunas disciplinas cuya finalidad sea la realización del volumen real de los objetos.
5. ¿A qué llamamos volumen simulado? ¿Qué recursos se utilizan para conseguirlo?

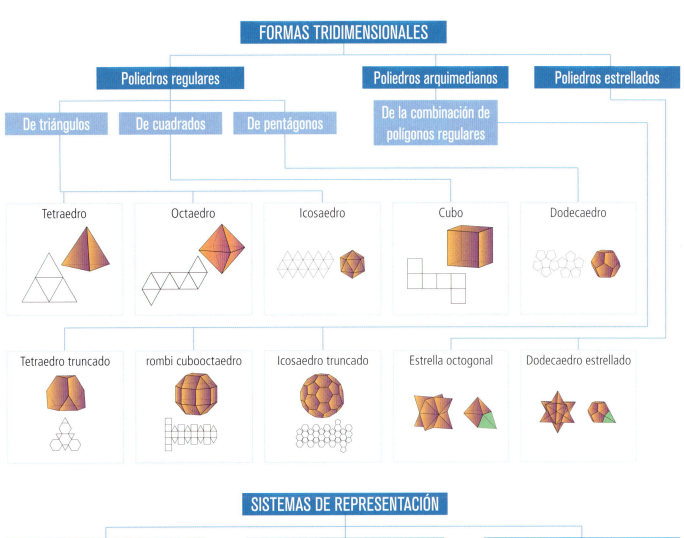

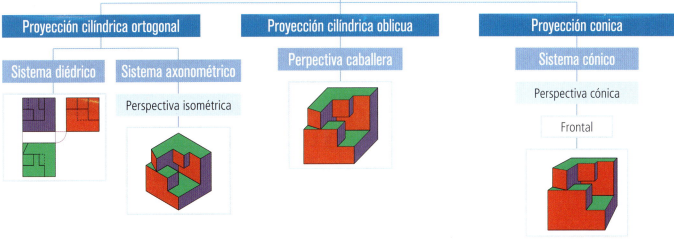

ACTIVIDADES

1. Enumera cuáles son las características de los poliedros regulares.

2. ¿A qué llamamos desarrollo de un poliedro?

3. ¿Cómo se obtienen los poliedros arquimedianos?

4. ¿A qué debemos recurrir para poder dibujar sobre el plano las figuras y los cuerpos?

05 El volumen

EVALUACIÓN

1 Haz una serie de pliegues en unas tiras de papel y colócalas de una forma sugerente.

Dibuja las tiras aplicando las sombras con la técnica del claroscuro. Puedes darle color o utilizar lápiz de grafito.

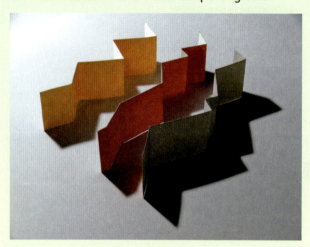

2 Crea un pongotodo partiendo de una plantilla cuadrada de cartulina tipo pergamino.

Hazla tú mismo tiñendo un folio o una cartulina con café y realizando los cortes indicados en el boceto en línea discontinua. Después, haz un dibujo del pongotodo a claroscuro con lápiz o carboncillo.

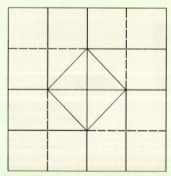

3 Dibuja el punto medio de cada una de las aristas del cubo. Une los cuatro puntos de cada una de las caras y dibuja la figura resultante.

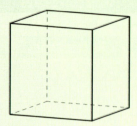

- ¿Qué tipo de poliedro es?
- ¿Cómo se llama?
- ¿Cómo son sus caras?
- Dibuja su desarrollo en el plano y añade pestañas para poder pegar sus caras y construirlo.

4 Dibuja un paisaje a color en el que apliques varios de los elementos que sirven para dar sensación de profundidad, como la disminución del tamaño, la altura relativa o la posición en el cuadro de las distintas figuras, la superposición de formas y la perspectiva aérea o atmosférica.

Observa en el cuadro de Canaletto estos recursos plásticos.

5 Dibuja a mano alzada las vistas de planta, alzado y perfil del objeto de la fotografía. Hazlo sobre un papel cuadriculado para facilitarte su trazado. Para captar mejor la forma de la caja, haz previamente un dibujo en perspectiva caballera o en perspectiva isométrica.

6 Utilizando la retícula isométrica, crea un módulo hexagonal en el que dibujes un cubo en perspectiva isométrica con algún corte o hueco. Podéis crear en equipo una red espacial juntando los distintos módulos que habéis hecho, siempre que tengan el mismo lado.

Puedes visitar la web http://www.artnet.com y, realizando una búsqueda previa, tomar como ejemplo el cuadro *Hexa 5 1987*, de Victor Vasarely.

Observa atentamente el trabajo del pintor y la importancia de la retícula.

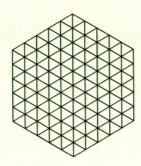

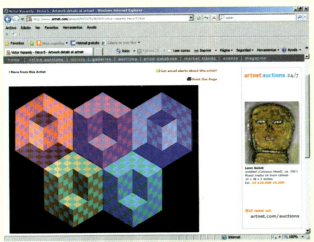

7 Dada la planta, el alzado y el perfil izquierdo de la pieza, dibújala en perspectiva caballera de eje Y 225° y coeficiente de reducción ½.

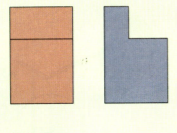

8 Dibuja una línea de horizonte en la mitad del papel colocado en posición horizontal. Haz una composición de cubos "atomizados", saliendo en todas direcciones, en perspectiva cónica. Colorea cada cubo de un color distinto diferenciando la iluminación de sus caras.

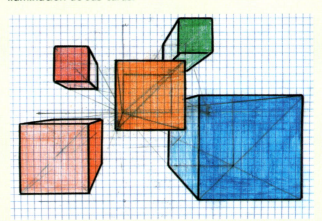

9 Sitúa en una habitación los siguientes elementos en perspectiva cónica frontal: una alfombra sobre el suelo, un armario en la pared derecha, una cama y una ventana en la izquierda, una puerta en la pared del fondo y a ti mismo en la habitación. Utiliza el primer ejemplo para comenzar la perspectiva y colorea la habitación lo más realista posible.

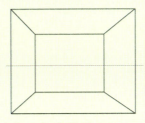

DIARIO DE APRENDIZAJE

¿Qué contenido de la unidad me gustaría ampliar o estudiar con más profundidad?

06 El lenguaje del diseño

Cuando un teléfono móvil o un ordenador nos fascinan por su forma o sus funciones, suele decirse que «están bien diseñados». El diseño es un arte vivo porque está unido a las actividades cotidianas del hombre.

El diseñador Herbert Bayer (1900–1985) realizó este proyecto de sala de cine en los años veinte del siglo XX, siendo alumno de la Bauhaus, importantísima escuela alemana de arte y diseño. Su diseño sencillo nada tiene que ver con los cines de ostentosa decoración habituales en la época.

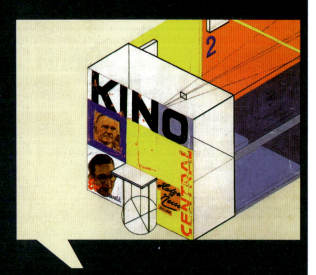

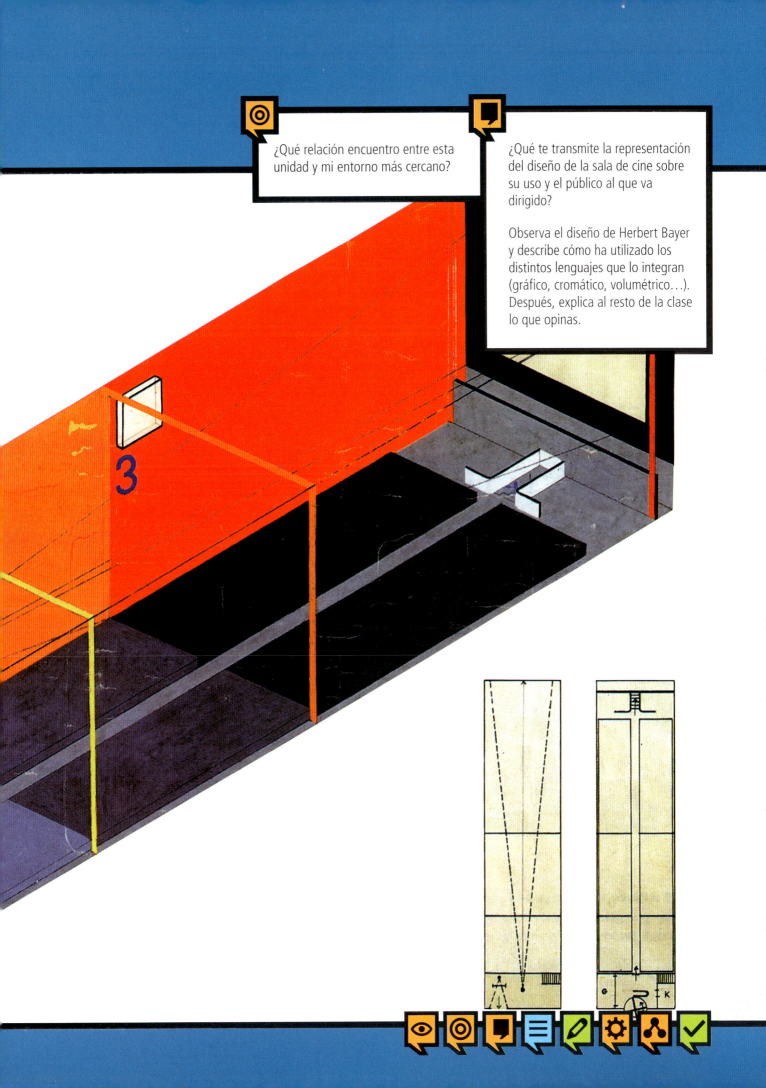

¿Qué relación encuentro entre esta unidad y mi entorno más cercano?

¿Qué te transmite la representación del diseño de la sala de cine sobre su uso y el público al que va dirigido?

Observa el diseño de Herbert Bayer y describe cómo ha utilizado los distintos lenguajes que lo integran (gráfico, cromático, volumétrico…). Después, explica al resto de la clase lo que opinas.

01 Las áreas del diseño

El diseño es, para el artista y diseñador italiano Bruno Munari, «el proyecto de todo lo que constituye el ambiente donde el hombre vive hoy». En palabras de uno de los padres del diseño, Walter Gropius, «nos hallamos ante un método que permite resolver desde el diseño de una cuchara hasta el de una ciudad».

Los campos de actuación y aplicación del diseño son muy amplios. Es posible distinguir tres grandes áreas: el espacio, los objetos y los mensajes. Dentro de cada una de ellas existen diferentes especialidades, lo que conlleva una diversidad de formas de trabajo:

- El **espacio.** Urbanismo, arquitectura y diseño de interiores.
- Los **objetos.** Ingeniería, diseño industrial, diseño textil y diseño de moda.
- Los **mensajes.** Comunicación visual y diseño gráfico.

La arquitectura, el urbanismo y la ingeniería están emparentadas con el diseño en su origen, dado que combinan la perspectiva artística y la funcional y proponen soluciones creativas a problemas prácticos de la sociedad.

Es a partir de mediados del siglo XVIII, con los grandes avances económicos e industriales y el aumento del consumo, cuando el diseño empieza a adquirir relevancia y a desarrollarse como disciplina independiente, centrándose principalmente en las siguientes especialidades:

Diseño industrial

Se ocupa de proyectar objetos que, producidos por la industria, buscan responder a las necesidades de las personas.

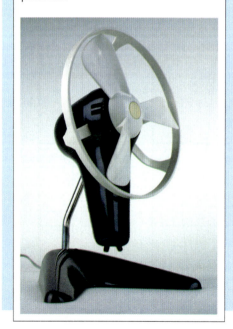

Diseño de interiores

Se dedica a la creación o modificación de espacios interiores empresariales, domésticos o comerciales.

Diseño gráfico

El diseñador gráfico crea mensajes visuales. Da forma visual a ideas para que otros las entiendan. Actúa en el mundo bidimensional (carteles, libros, folletos, etc.).

02 El proyecto en el diseño

02.1 Componentes básicos

Una silla, unas zapatillas o un jarrón son objetos que nos atraen por su aspecto pero también por su utilidad. Por eso, cuando hablamos de ellos, hacemos referencia a su diseño. El diseño de objetos engloba tanto las características formales y funcionales como los procesos y técnicas necesarios para su fabricación. Todas estas características se planifican en un proyecto.

El proyecto en el diseño integra los lenguajes estudiados en este libro: visual y plástico, artístico y técnico reflejados en la elaboración de unos documentos cuyo contenido dependerá del objeto a diseñar:

- **Documentación gráfica**, compuesta por planos, proyecciones y perspectivas imprescindibles para la fabricación del objeto. Este documento puede incorporar fotografías de maquetas o prototipos del producto final.

- **Documento escrito** o **memoria**, constituido por la información generada durante la investigación y análisis de las características formales, funcionales, técnicas y materiales del proyecto.

- **Documento económico** o **presupuesto,** en él se especifican los costes de materiales, mano de obra y fabricación.

La actividad artesanal es manual o parcialmente mecánica.

En la historia de la producción de objetos se pueden considerar dos etapas:

- La **artesanal,** desde el origen del ser humano.

- La **industrializada,** desde la Revolución Industrial hasta nuestros días.

A partir del siglo XVIII, la industrialización ha llevado a la extinción de gran parte de los oficios artesanales y al desarrollo del diseño industrial. El proceso de fabricación industrial requiere una cierta planificación que para el artesano es habitualmente innecesaria.

La silla Thonet modelo nº 6009

El trabajo de Michael Thonet ilustra el paso de la artesanía a la producción industrial en el siglo XIX. A partir de 1853, sus sillas se caracterizaron por la reducción del número de piezas y por su simplicidad formal, como en el caso de este modelo.

Thonet perfeccionó las técnicas de fabricación en serie de muebles, lo que le permitió vender sus productos a precios más económicos. Igualmente, desarrolló un proceso de elaboración revolucionario que consistía en el curvado de madera sólida con vapor.

Silla Thonet modelo nº 6009, producida en 1904.

Thonet mejoró las técnicas de fabricación industrial de muebles.

02.2 Fases del proyecto

Las personas vivimos rodeadas de objetos que nos hacen la vida más fácil, lo que ha convertido a la figura del **diseñador** en un elemento fundamental de la sociedad del consumo.

A la hora de diseñar, se busca un equilibrio entre la forma, la apariencia del objeto y su utilidad concreta.

La elaboración de un proyecto de diseño requiere pasar por un proceso a lo largo del cual se buscarán soluciones a las necesidades o problemas planteados en el encargo. Las **fases** principales de este proceso son:

- **Planteamiento,** objetivos y necesidades.
- Fase de **documentación, investigación, análisis** y **definición** del problema.
- **Proceso de diseño.**
- **Fase de producción.**

Los teléfonos móviles están diseñados para adaptarse a la forma del cuerpo humano. Sus funciones permiten al usuario establecer una comunicación cómoda, rápida y eficaz.

Planteamiento

A partir de un encargo encomendado por un cliente, el diseñador debe definir el objeto a diseñar.

Una condición de su trabajo es pensar tanto en el encargo como en la necesidad del público o consumidor que utilizará el objeto.

Documentación, investigación, análisis y definición

Primero, el diseñador recoge información. Luego, valora y compara los datos obtenidos en relación a otros objetos y problemas del proyecto que puedan existir.

Profundiza en el problema:

- ¿Cuál va a ser la **finalidad** concreta del objeto que voy a diseñar?
- ¿Cuáles son las condiciones necesarias para que pueda desempeñar su función?

El diseñador señala los elementos que constituyen la forma del objeto atendiendo al gusto y las necesidades del usuario, y establece las limitaciones de uso, de materiales, económicas y de mercado.

Juicy Salif es un exprimidor de cítricos diseñado por Philippe Stark en 1990 para la empresa italiana Alessi. Para algunas personas, su forma se asemeja a un insecto, aunque su creador afirma que el diseño se le ocurrió cuando comía calamares con limón. Este objeto está considerado un icono del diseño del siglo XX.

Proceso del diseño

Una vez definido y analizado el problema, comienza la **búsqueda de soluciones creativas.** Para ello, hay que contar con muchas ideas diferentes.

En esta etapa es donde el diseñador demuestra su capacidad creativa. Para activar la creatividad se sirve de diferentes técnicas. Una de las más utilizadas es la tormenta de ideas o *brainstorming**.

tormenta de ideas o *brainstorming*: técnica creativa que consiste en emitir ideas sin que ninguna sea criticada ni censurada.

Los cuadernos de trabajo

Los diseñadores utilizan cuadernos donde archivan las ideas que hay detrás de cada diseño. Se componen de notas de trabajo con dibujos, palabras, recortes, fotografías, etc. que les sirven de inspiración y reflexión durante el proceso creativo.

Las primeras ideas se visualizan a través de dibujos rápidos y esquemáticos; no hay que ser todavía muy riguroso con los detalles, sino que hay que centrarse en expresarlas. Estos dibujos servirán para seleccionar aquellas propuestas que se consideren más idóneas.

Los bocetos

El diseñador plantea las primeras ideas con dibujos sencillos y espontáneos, los bocetos. Es el primer instrumento de análisis que le encamina a la solución definitiva.

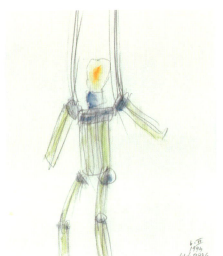

Boceto y prototipo de la Lámpara *Omino*, diseñada por Michele De Lucchi en 1994.

Cuaderno de bocetos y póster *Help Haiti* de Gabriel Martínez y Sonia Díaz, Un mundo feliz.

Los dibujos seleccionados servirán para introducir variaciones y experimentar en torno a distintas posibilidades, hasta llegar a un **boceto definitivo** en que se trabajan los detalles.

El diseñador de moda desarrolla el tema a través de dibujos e ilustraciones. Selecciona los diferentes tejidos y la paleta de colores que seguirá la colección.

Mediante el uso de herramientas informáticas, el diseñador ejecuta dibujos más precisos para realizar las fichas técnicas de los modelos.

Elaboradas las fichas técnicas con el plan de dibujos, prepara la pieza o el modelo para la presentación de la colección.

Por último, llega el momento de concretar y describir el **diseño final**.

El diseñador especifica las características formales, dimensiones y tipo de material para su posterior realización o producción. Para ello, utiliza **planos técnicos, dibujos en perspectiva, maquetas, modelos** y **memorias.**

El perfeccionamiento de los bocetos

Mediante una serie de bocetos con dibujos en perspectiva y detalles, el diseñador presenta las características del diseño, en este caso un ordenador, junto con la maqueta del objeto.

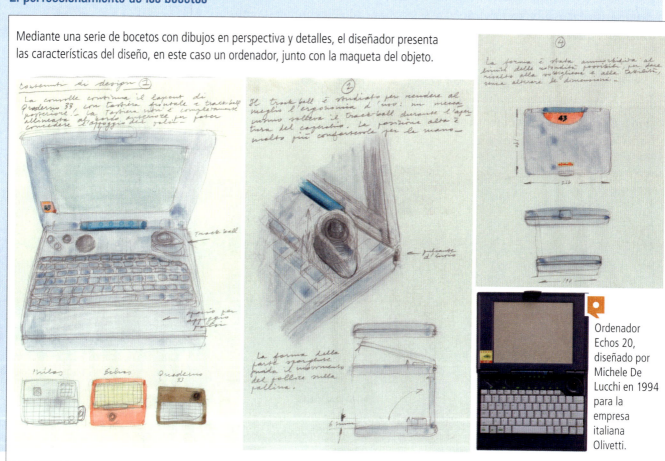

Ordenador Echos 20, diseñado por Michele De Lucchi en 1994 para la empresa italiana Olivetti.

Fase de producción

En la fase de materialización del proyecto de diseño se analizan los aspectos económicos de la producción y las posibilidades de comercialización del objeto.

Se utiliza un **prototipo*** que se pone a prueba y se realizan en él las modificaciones y mejoras necesarias.

Una vez el prototipo ha superado las pruebas requeridas, se pone fin al proyecto de diseño y se pasa a su fabricación en serie.

Posteriormente, se lleva a cabo la distribución y **comercialización** del producto con la finalidad de hacerlo llegar al público.

Pasado un tiempo, es conveniente **evaluar** el objeto para conocer cómo ha sido acogido por el usuario y, si es necesario, introducir cambios para mejorar su diseño.

> **prototipo:** representación del diseño de un objeto que permite experimentar y probar su uso en situaciones reales y sirve como modelo para crear otros del mismo tipo.

> **PROPUESTAS DE TRABAJO**

1. Elige tres canciones que te gusten. Diseña un embalaje para guardar un CD con esa música siguiendo el proceso de diseño que hemos visto. Puedes inspirarte en otros CD o crear algo nuevo. Haz bocetos distintos. Elige uno y trabaja sobre él. Define su forma, color, textura, tamaño… Realiza un croquis con las medidas. Finalmente, elabora una maqueta a tamaño real.

2. En libros, revistas o internet, busca imágenes que pertenezcan a las distintas áreas del diseño.

   Formad equipos y agrupadlas por especialidades:
   - Espacios: urbanismo, arquitectura y diseño de interiores.
   - Objetos: ingeniería, diseño industrial, diseño textil y diseño de moda.
   - Mensajes: comunicación visual y diseño gráfico.

   Construir entre todos los equipos un mapa conceptual para la clase.

3. Realiza varios bocetos para un diseño textil, basados en el tapiz de Ida Kerkovius. Piensa para qué se podría utilizar la tela diseñada por ti.

4. Realiza un cartel de un tema social de tu interés al «estilo Ródchenco». Para ello:
   - Busca imágenes en internet sobre este artista ruso, Alexandre Ródchenko (1891-1956), escultor, pintor, fotógrafo y diseñador.
   - Selecciona algunos de los anuncios que creó como diseñador gráfico.
   - Observa que en ellos usaba formas geométricas con colores llamativos, aplicaba la tipografía silueteada y técnicas visuales para llamar la atención del espectador a través de bandas y de formas superpuestas.
   - Utiliza para realizar tu cartel el fotomontaje, así como flechas y signos exclamativos o interrogativos que ayuden a la comprensión del mensaje.

Tapiz de Ida Kerlovius, diseñadora de la Bauhaus.

03 Normas, formatos y acotación

03.1 Normas

La **normalización** establece una serie de normas básicas que se aplican en distintas actividades realizadas por el hombre. Su uso se ha hecho imprescindible a partir de la expansión industrial producida en el siglo XX.

En el caso particular del **diseño** y del **dibujo técnico**, estas normas proponen un **lenguaje internacional** comprensible para todos los técnicos y, a nivel general, unas indicaciones de fabricación, utilización, reciclado, etc. que a todos nos interesa conocer.

Las normas han evolucionado desde que, en Alemania a principios del siglo XX, se aprobasen las primeras. Más adelante, cada país desarrolló sus propias normas, como las UNE (Unificación de Normativas Españolas). Por último, fueron organismos internacionales los que intentaron unificarlas en las normas ISO (International Organization for Standardization).

Las normas afectan a nuestro entorno más cotidiano, como por ejemplo al laboratorio de un centro educativo. Muchos de los elementos que lo forman están obligados a cumplir con las normas UNE.

03.2 Formatos

En dibujo técnico, llamamos formato a las **dimensiones** y a la **forma rectangular** de los **papeles** que utilizamos.

La normalización del tamaño de los papeles que han de utilizarse en el dibujo técnico ha sido establecida por la norma UNE 1026 y afecta además a las carpetas archivadoras, sobres, tableros y otros elementos relacionados con el papel.

Formación de formatos

En la obtención de formatos se pueden aplicar diferentes reglas.

Relación de los lados del rectángulo

Para obtener los lados del rectángulo, hemos de seguir los siguientes pasos:

A partir de un cuadrado de lado **x,** tomamos como radio su diagonal para trazar un arco que corte la prolongación del lado. Obtenemos así el lado mayor del rectángulo.

Regla de doblado

Los distintos formatos se obtienen doblando por la mitad el lado mayor de cada rectángulo.

Doblado de A3 = A4

Todos los formatos se obtienen a partir del formato de origen A0, un rectángulo de lados 841 × 1 189 mm, el más grande de todos.

En función de este rectángulo se consiguen todos los demás formatos, cada uno de los cuales tendrá siempre la mitad de la superficie del formato anterior.

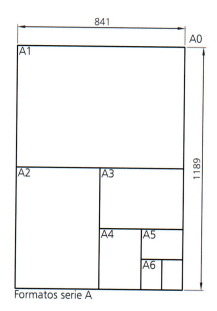

Formatos serie A

03.3 Acotación

Acotar es **indicar las dimensiones** de un **objeto** dibujado, para lo cual se utilizan un conjunto de líneas, cifras y símbolos.

La norma que establece los principios generales de acotación es la UNE 1039.

Elementos de acotación

Los elementos de acotación son:

La línea de cota

Es una línea de trazo fino de la misma longitud que la dimensión a la que hace referencia, dibujada en paralelo a ella y a una distancia proporcionada al tamaño del dibujo.

Las líneas auxiliares de cota

Son líneas que parten de las aristas o contornos de la pieza para limitar la medida de la línea de cota.

Flechas de cota

Los límites de la línea de cota suelen representarse generalmente mediante una flecha, aunque a veces se utiliza un trazo oblicuo.

Cifras o números de cota

Son los números que se colocan encima de la línea de cota e indican la dimensión real del objeto. Se expresan siempre en milímetros.

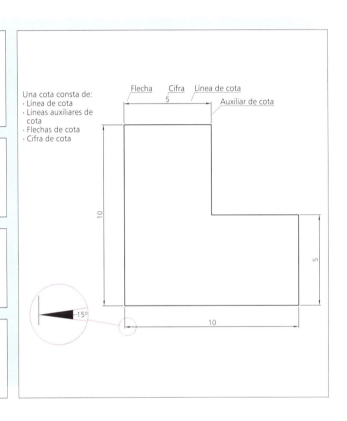

Acotación de la circunferencia

Para acotar una circunferencia recurrimos a los siguientes procedimientos:

- Utilizamos el diámetro expresando sus dimensiones mediante una cifra de cota.

- Utilizamos el símbolo de diámetro Ø cuando la circunferencia no se aprecia como tal.

- Para acotar el radio de un arco de circunferencia utilizamos una línea de cota que parte del centro del arco y dibujamos una sola flecha en su extremo.

- Utilizamos el símbolo de radio R cuando no se representa la posición de su centro.

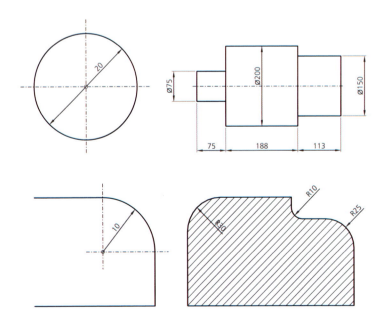

Disposición de las cotas

Hay distintas formas de colocar las cotas en un dibujo. Vamos a explicar las disposiciones de cotas más usuales.

Acotación en serie

Consiste en la disposición de las cotas de forma consecutiva, es decir, una a continuación de otra, sobre una misma línea.

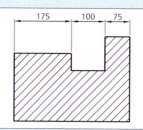

Acotación en paralelo

En esta disposición, las acotaciones se realizan tomando como referencia una de las aristas y las diversas cotas de la figura se colocan paralelas unas a otras.

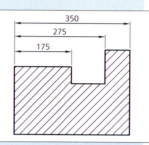

Acotación combinada

En la práctica, la disposición más habitual es la llamada acotación combinada, en la que utilizamos elementos de la acotación en serie y de la acotación en paralelo para facilitar la lectura de las medidas de la pieza.

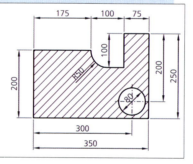

04 Escalas

Las **escalas** son el **convencionalismo** empleado para la **representación reducida, ampliada** o a **tamaño natural** de un objeto, manteniendo sus proporciones. La norma que regula los principios generales de las escalas normalizadas es la UNE-EN ISO 5455. La **expresión de la escala** es la relación entre el tamaño real y el del dibujo y se realiza mediante la siguiente fórmula:

$$E = \frac{\text{Medida del dibujo}}{\text{Tamaño real}}$$

La letra **E** expresa la escala y va seguida por una fracción en la que el numerador indica la medida del dibujo y el denominador la medida real. Existen tres **tipos de escalas:**

- **Escala de ampliación:** la medida del dibujo es mayor que el tamaño real.
- **Escala natural:** la medida del dibujo es igual al tamaño real.
- **Escala de reducción:** la medida del dibujo es menor que el tamaño real.

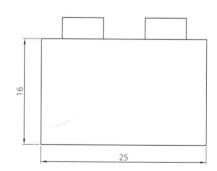
Escala de ampliación 2:1

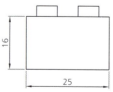
Escala natural

Escala de reducción 1:2

05 Croquis

El croquis consiste en **dibujar a lápiz** y a **mano alzada**, es decir, sin escuadra, cartabón ni compás, las diferentes **proyecciones de un objeto.** Las proyecciones en boceto sirven como base para hacer el dibujo definitivo que llamaremos **plano de taller.**

El croquis debe ser lo suficientemente claro para que técnicos con distintas competencias sean capaces de interpretarlo correctamente para su posterior producción. Por eso, debe estar acotado para que pueda ser construido a escala. La croquización se realiza según las **normas** fijadas para la representación de cuerpos en **sistema diédrico** y según las normas de **acotación.**

Representación de la *silla Steltman*, de Gerrit Rietveld.

En primer lugar, se encaja la pieza en el papel cuadriculado fijando los ejes principales y teniendo en cuenta las medidas o proporciones de la altura, la anchura y la profundidad.

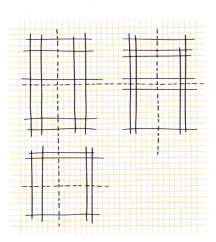

A continuación, se dibuja la planta, el alzado y, si fuera necesario, el perfil, concretando los detalles de la pieza.

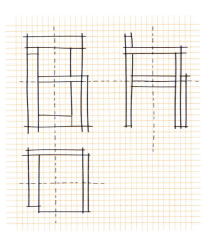

Se dibujan las líneas de cota necesarias indicando las cotas. Para que quede lo más claro posible, borraremos las líneas sobrantes y reforzaremos las aristas con un lápiz blando.

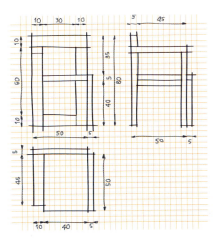

Finalmente, realizamos el plano de taller, el dibujo delineado a escala y a tinta de un croquis con una acotación completa. Incluye especificaciones según el campo del objeto a realizar.

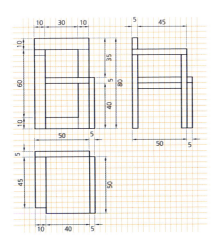

Arte y geometría. Maquetas

La construcción de maquetas se utiliza como complemento del dibujo técnico para **representar los proyectos a pequeña escala.** Una maqueta es un **modelo en tres dimensiones a escala** de algo real o ficticio, con el fin de poder apreciar sus detalles, su relación con el entorno y su aspecto final.

Las maquetas se utilizan en proyectos de urbanismo, construcción de edificios, diseños de ingeniería, decoración de espacios interiores y en escenografía.

Para hacer maquetas se utilizan **materiales** como cartón, cartón pluma, planchas de corcho, madera contrachapada, etc. Las **herramientas** adecuadas para cortarlos son: tijeras, cúter o sierra de pelo. Existen en el mercado piezas que permiten construir maquetas a escala jugando con piezas de plástico o incluso ladrillos y tejas de barro.

Maqueta realizada para un proyecto depolideportivo, del arquitecto Andrés Martín.

Maqueta de una casa hecha con materiales reales.

Edificios construidos con piezas de Lego.

Maquetas virtuales

Actualmente, y con la misma utilidad que las maquetas reales, se utiliza la infografía 3D o *render* para la representación virtual de efecto muy realista de un proyecto de arquitectura, ingeniería o de un objeto.

Estas imágenes 3D se realizan normalmente para contribuir a su análisis, diseño, presentación y comercialización. Al igual que las maquetas, los *render* arquitectónicos guardan la proporción adecuada a su escala, e incluso utilizan texturas, materiales, colores y acabados de increíble realismo.

PROPUESTAS DE TRABAJO

1. Consulta en la página web de AENOR (http://www.aenor.es) algunas de las normas que conciernen a la fabricación y utilización de cinco objetos de tu entorno cotidiano y apunta el número de la norma que lo afecta.

2. A partir de una hoja de papel A3 obtén, mediante dobleces sucesivos, los formatos A4, A5 y A6 y calcula la medida de cada uno de sus lados. Indica para qué emplearías cada formato.

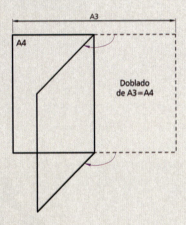

3. Busca dibujos acotados de muebles y vehículos. Analizadlos en clase agrupándolos según los tipos de acotación. Extrae conclusiones acerca de la acotación empleada según la función de cada objeto.

   De alguno de los folletos que has encontrado calcula la escala a la que está representado el objeto relacionando su tamaño real con el que tiene en el dibujo o en la fotografía.

4. Haz un croquis de ti mismo dibujando tu alzado, planta y perfil a escala y manteniendo la proporción. Utiliza como referencia *El modulor* de Le Corbusier, que aparece aquí representado.

5. Busca maquetas recortables prediseñadas de monumentos de tu comunidad autónoma. Así conocerás mejor la estructura de monumentos de distintas épocas históricas.

06 El lenguaje del diseño

MAPAS CONCEPTUALES

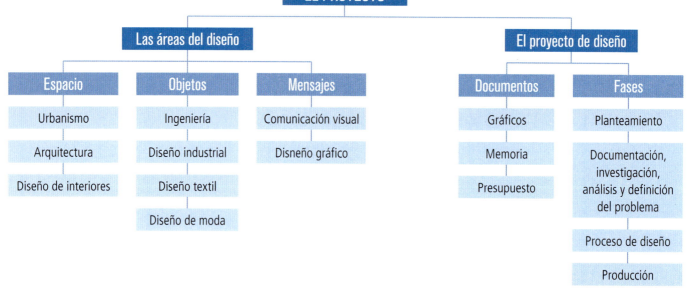

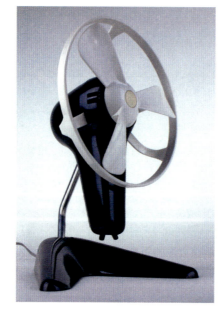

ACTIVIDADES

1 ¿Qué es el diseño?

2 ¿Cuáles son las áreas del diseño?

3 ¿Qué tipo de documentos se deben elaborar en un proyecto de diseño?

4 ¿Qué fases requiere un proyecto de diseño para buscar la solución al problema planteado en el encargo?

5 Define los pasos del diseño de una tabla de surf. ¿A qué área de diseño pertenece?

6 ¿Cuál es la técnica creativa que consiste en emitir ideas sin que ninguna sea criticada ni censurada?

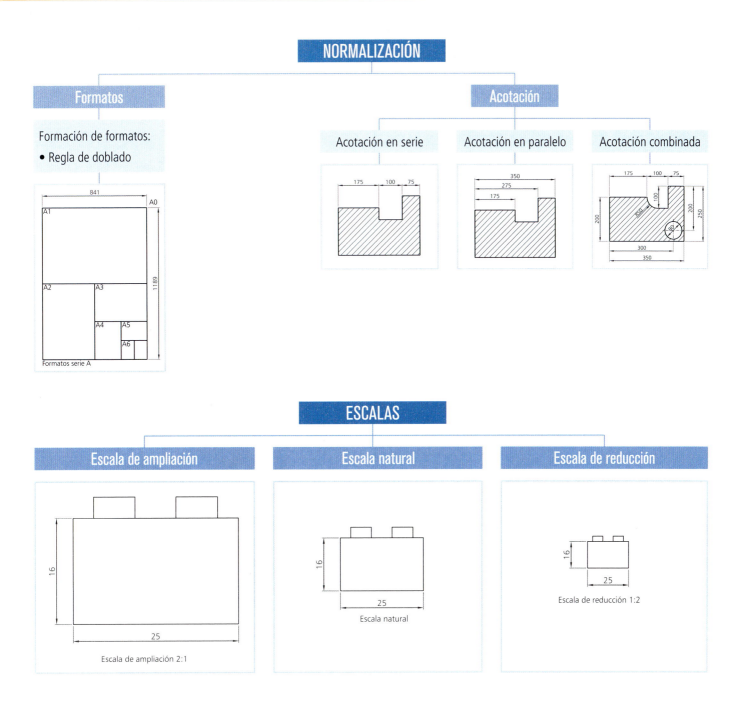

ACTIVIDADES

1 ¿Qué es la normalización?

2 ¿A qué llamamos *formato*?

3 ¿Qué es acotar?

4 ¿Para qué se emplean las escalas?

5 ¿En qué consiste hacer un croquis?

6 ¿Qué finalidad tiene una maqueta?

06 El lenguaje del diseño

EVALUACIÓN

PROYECTO DE UNA CARPETA PARA LOS TRABAJOS DE EDUCACIÓN PLÁSTICA, VISUAL Y AUDIOVISUAL

1 Recopilación de datos e investigación

Existen distintos tipos de carpeta según su función. Las más sencillas son las formadas por un cartón doblado y tienen cierre de goma o cintas. Haz un estudio de distintos modelos de carpetas consultando folletos y prospectos, en internet o bien en un comercio especializado.

2 Bocetos del tipo de carpeta

Prepara distintos bocetos en los que tengas en cuenta variaciones de tamaño, color y forma.

Haz el desarrollo plano de la forma que hayas elegido o utiliza el que te proponemos como base para hacer tus variaciones.

Dale un acabado personal utilizando las técnicas que has aprendido durante este curso, como el collage, el estarcido o las témperas.

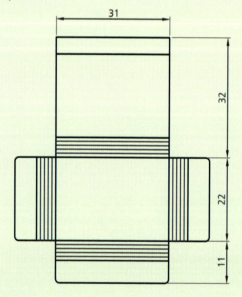

3 Realización

Elige un cartón o reutiliza una carpeta vieja como base para diseñar la tuya. Si es preciso, fórrala con plástico autoadhesivo para que no se estropee con el uso.

4 Presentación

Presenta el producto final acompañado de una memoria con imágenes y texto, explicando las fases y justificando la selección realizada.

PROYECTO DE UN AJEDREZ

Este proyecto se puede realizar en grupo. En ese caso, primero debéis organizaros y repartir las tareas de las que va a ocuparse cada miembro del equipo.

1 Recopilación de datos e investigación

Investigad qué elementos componen un juego de ajedrez, analizad los distintos tipos de figuras y elegid los tableros más adecuados.

2 Bocetos y croquis de las piezas

Realizad distintos bocetos en los que se tengan en cuenta las variaciones de tamaño, color y forma.

Preparad un croquis del peón y del alfil. Podéis fijaros en las piezas que proponemos como ejemplo o tomar ideas de los croquis realizados por la Bauhaus en los que, para la realización del ajedrez, se utilizan volúmenes geométricos básicos.

3 Realización

Una posibilidad para construir vuestras figuras es reutilizar material de desecho, como tapones de diferentes tamaños, botecitos, trozos de juguete, etc. También podéis serviros de cartones de cajas de galletas, cereales, zapatos, etc.

4 Presentación

Presentad el producto final acompañado de una memoria con imágenes y texto donde se expliquen las fases del proyecto y se justifique la selección hecha.

DIARIO DE APRENDIZAJE

Una vez estudiada la unidad, ¿puedo relacionar los contenidos que he aprendido con mi entorno?

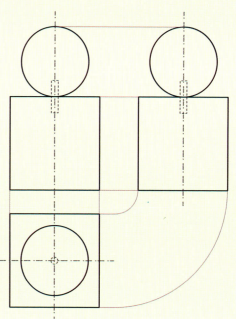

07 El lenguaje audiovisual

A lo largo del libro, hemos comprobado que las imágenes proporcionan una comunicación rápida y eficaz. Pero si además adquieren movimiento, se desarrollan en el tiempo y se combinan con sonido, el mensaje queda reforzado porque lo percibimos a través de más sentidos y la comunicación pasa a ser audiovisual.

«—¿Qué es eso de la noche americana?

—La noche americana es rodar una escena de noche pero a plena luz del día, poniendo un filtro delante del objetivo.»

François Truffaut

Fotograma de la secuencia inicial de la película *La noche americana* (1973), dirigida por François Truffaut.

¿Cuánto interés me suscita este tema?

¿Qué te sugiere el fotograma de la película en relación al título de la unidad?

En clase, buscad y visionad en internet la «secuencia inicial de la película *La noche americana* de François Truffaut». Después debatid entre todos qué es lo que os ha llamado la atención de la secuencia y por qué. ¿Parece fácil hacer una película y planificar los elementos de la escena en cada momento? ¿Por qué?

07 El lenguaje audiovisual

01 Comunicación y lenguaje audiovisual

01.1 Comunicación audiovisual

> La comunicación audiovisual es el proceso de creación, transmisión y recepción de mensajes integrados por imágenes y sonido.

Es un tipo de comunicación mixto que se percibe por la **vista** y por el **oído.** Así, nos proporciona una experiencia que parece tan real que actúa poderosamente sobre nuestra sensibilidad y emoción. Por esta razón, debemos **conocer los lenguajes que utiliza, para interpretar de manera correcta los mensajes que recibimos.**

Los medios audiovisuales están presentes en todas las esferas de nuestra vida: educación, ocio, trabajo…

Debido al **alto nivel de iconicidad** de las imágenes obtenidas con tecnología audiovisual, tendemos a pensar que muestran una realidad objetiva. Pero como vamos a ver, la elaboración de imágenes suele estar planificada y su lectura subjetiva depende de la intención y del contexto.

Con la proliferación de las **nuevas tecnologías,** la comunicación audiovisual se extiende a todas las facetas de nuestra vida. Por mencionar algunos ejemplos: la televisión, el cine o los videojuegos, que ahora utilizamos a través de internet en los teléfonos móviles que nos acompañan a todas partes.

La comunicación audiovisual utiliza distintos **códigos** de manera coordinada, en su sistema de lenguaje propio, el **lenguaje audiovisual,** que en cada medio o ámbito adquiere matices diferenciados.

01.2 Lenguaje audiovisual

El lenguaje audiovisual es un **sistema estructurado de signos visuales y sonoros que permite el proceso de comunicación audiovisual.** Es decir, que posibilita la creación, transmisión y recepción de mensajes formados por imágenes y sonido, adaptados a la capacidad del receptor para percibirlos y entenderlos.

Manipulación de una imagen mediante la técnica audiovisual llamada croma. La calle que vemos en la pantalla sustituye al fondo verde de la escena grabada.

02 Lenguaje audiovisual: elementos y estructura

Este lenguaje es el resultado de las investigaciones que, desde los inicios del cine, a finales del siglo XIX, llevaron a cabo sus profesionales, con el objeto de hacernos inteligibles las narraciones de la imagen en movimiento. Es decir, que sus normas proceden del lenguaje cinematográfico, que pronto incorporó elementos sonoros, y que han sido adoptadas por el resto de medios como el vídeo o la televisión. Así, hoy hablamos de **lenguaje audiovisual.**

02.1 Elementos del lenguaje audiovisual

Podemos agrupar los elementos del lenguaje audiovisual según el sentido por el que se perciben:

- **Elementos visuales.** Son todos los que componen la imagen dentro del marco de la pantalla o cuadro.

- **Elementos sonoros.** Son la voz y las palabras, la música y los efectos de sonido, que deben estar coordinados con la imagen:

  - La voz y la palabra son los elementos sonoros más importantes.

  - La banda sonora puede pasar desapercibida, salvo en las ocasiones en que se quiere aumentar la tensión dramática, ya sea por su presencia o por su ausencia (silencio).

  - Los efectos de sonido suelen pasar desapercibidos, aunque son importantes para realzar momentos claves de la narración y aportar verosimilitud.

> **Cuadro**
>
> **Cuadro** es el límite rectangular de la imagen que vemos en la pantalla; sus medidas se expresan en un cociente entre anchura y altura denominado formato.
>
> Formato 4/3
>
> Formato 16/9
>
> Los formatos de vídeo más frecuentes son 4/3 y 16/9. Cuando vemos las películas deformadas (en altura o anchura), es porque las estamos visualizando en un formato distinto al original con el que se rodaron.

02.2 Estructura del lenguaje audiovisual

Para construir los relatos audiovisuales articulamos el lenguaje mediante **unidades estructurales**, de las que señalamos tres fundamentales:

Unidades estructurales

Fotograma
Es la imagen fija aislada recogida en el cuadro.

Plano
Conjunto de fotogramas rodados de forma continua (en una «toma» de cámara), que constituyen una unidad de montaje. **Es la unidad básica.**

Secuencia
Conjunto de planos que se unen por montaje, para narrar las partes en las que se divide la historia.

Fotograma de la película *Casablanca* (1942), del director Michael Curtiz. Género: drama.

El plano

El plano es el resultado del **encuadre del espacio** que recoge el objetivo de la cámara y que varía con el tiempo.

Los distintos **tipos de planos** y su carga expresiva dependen de un conjunto de factores que hay que controlar para construir la película.

Plano según el punto de vista de la narración

Nos sitúa en el punto de vista del narrador o de uno de los personajes, para que veamos lo que ellos ven.

- **Plano objetivo:** muestra lo que ve un narrador invisible.
- **Plano subjetivo:** muestra lo que ve un personaje en ese momento.

Plano según la escala o tamaño de lo representado

Depende del tamaño de lo representado en relación al cuadro, teniendo como referencia la figura humana. Varía con la distancia de la cámara al personaje.

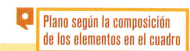

Plano según la composición de los elementos en el cuadro

Se trata de la organización espacial de los elementos visuales de la escena o decorado que aparecen en el cuadro.

Para ello, tenemos que aplicar lo aprendido en lenguaje visual y composición, por lo que tenemos que cuidar la iluminación, el color, las direcciones visuales, el ritmo, el tipo de formas predominantes o los centros de interés, entre otros.

DISTANCIA CÁMARA - PERSONAJE	VALOR EXPRESIVO	TIPO DE PLANO		
+ ↑ ↓ −	**Planos descriptivos:** Describen el lugar en el que se desarrolla la acción.	Gran Plano General (GPP)		Visión general de un escenario muy amplio. Apenas se distinguen los personajes.
		Plano General (PG)		Escenario amplio en el que ya se distinguen los personajes.
	Planos narrativos: En ellos se desarrolla la acción de los personajes.	Plano Entero (PE)		Entra el personaje de cuerpo entero.
		Plano Americano (PA)		Abarca desde la cabeza del personaje hasta por debajo de las rodillas.
		Plano Medio (PM)		Abarca desde la cabeza del personaje hasta la cintura.
	Planos expresivos: Acercan las expresiones y emociones de los actores.	Primer Plano (PP)		Incluye la cara y hombros del personaje.
		Plano Detalle (PD)		Presenta una parte del personaje o de un objeto.

Plano según la nivelación, altura y angulación de la cámara

Se refiere a la altura y al ángulo de inclinación de la cámara respecto al personaje que enfoca. Cada posición del punto de vista de la cámara aporta una determinada expresividad, para sugerir alguna emoción respecto al personaje.

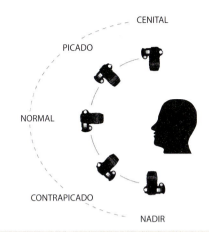

Cenital: La cámara se sitúa por encima del personaje, en la vertical.

Picado: La cámara está más alta que el personaje y encuadra desde arriba hacia abajo. Disminuye su importancia.

Normal: La cámara se sitúa a la altura de los ojos.

Contrapicado: La cámara está más baja que el personaje y encuadra desde abajo hacia arriba. Aumenta su importancia.

Nadir: La cámara se sitúa por debajo del personaje, en la vertical.

Aberrante: La cámara está en posición oblicua respecto a la línea del horizonte. Resulta impactante porque muestra el espacio desequilibrado. Refleja tensión o suspense.

Plano según los movimientos de la cámara

- **Fijo:** la cámara está fija.
- **En movimiento:**
  - **Panorámica.** Es producto de un movimiento de rotación de la cámara, que frente a la escena gira en horizontal o en vertical.
  - **Travelín.** La cámara se desplaza en el escenario, muchas veces en paralelo al movimiento de alguno de los personajes. La cámara puede ir rodada sobre un rail o una plataforma móvil.
  - **Zum** o travelín óptico. Se realiza con un objetivo denominado zum, que, al moverlo, acerca o aleja la escena que recoge.

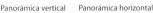

Panorámica vertical   Panorámica horizontal

Travelling retroceso
Travelling adelante

El montaje o edición

> El montaje es el proceso en el que se seleccionan y unen los mejores planos rodados, que se coordinan con los elementos sonoros para elaborar la narración del relato y, en definitiva, componer la obra completa (película).

El montaje da sentido a la película con un ritmo determinado. Y, sobre todo, cuenta cómo transcurre la acción en el tiempo:

- **Montaje lineal.** La acción se cuenta por orden cronológico.
- **Montaje de tiempos paralelos.** Se presentan varias acciones que ocurren al mismo tiempo pero en lugares distintos.
- **Montaje de tiempos alternados.** La acción se corta para intercalar hechos del pasado *(flash-back)* o del futuro *(flash-forward)*.

Para elaborar el relato audiovisual, es fundamental saber utilizar los distintos tipos de planos y los distintos tipos de montaje, así como sus posibilidades expresivas.

Continuidad entre planos o *raccord*

La continuidad es fundamental para entender y considerar creíble la película.

Permite que, tras el montaje, los planos consecutivos se perciban como continuos, aunque se hayan rodado en momentos y lugares distintos, ya que no suelen grabarse en el mismo orden que la historia.

Se consigue al mantener la misma iluminación, escenario, vestuario o maquillaje, y la coherencia en los gestos, en las miradas y en las direcciones de los movimientos.

03 Los géneros audiovisuales

El género en las artes, y en concreto en las obras audiovisuales, es un modo de **clasificación de las obras** atendiendo a su contenido o **tema** y a su **estilo.**

Una clasificación básica parte de la división entre **géneros de no ficción o documentales,** que tienen como objetivo describir la realidad, y los **de ficción,** que narran un relato.

En los **géneros narrativos,** la clasificación procede del ámbito literario, del que se han adaptado; aunque pueden considerarse comunes, en cada medio adquieren rasgos diferentes. Algunos ejemplos son: comedia, drama, suspense, ciencia ficción, terror, bélico, aventuras...

También se pueden clasificar las obras por el formato o por la finalidad: largometraje, cortometraje, *spot,* videoclip, series...

Mención aparte merece la experimentación audiovisual, relacionada con la aparición de los nuevos medios tecnológicos en cada época.

Alfred Hitchcock, famoso director de películas de suspense, con la claqueta de *Psicosis* (1960).

04 Proceso de realización de una obra audiovisual

04.1 Fases

El proceso de realización de una obra audiovisual es muy complejo y requiere de la participación de distintos profesionales que se encargan de cada una de las fases. Además, el procedimiento es diferente en el cine, la publicidad, la animación, el vídeo..., por lo que proponemos aquí los pasos comunes de los formatos basados en contar relatos.

Planteamiento y tratamiento fílmico

- El primer paso es pensar y definir **la idea y el argumento** de la obra. Puede ser original o basarse en obras de otros autores. Se materializa en forma literaria de relato breve.

- **Tratamiento.** Se evalúan las posibilidades de la idea y se concreta el tratamiento que tendrá: género (comedia, drama...), aspectos técnicos (ritmo, montaje...), número de secuencias, ambientación...

Elaboración de los guiones

- **Guion literario.** Se redacta el relato en tres partes: planteamiento, nudo y desenlace. Incluye los diálogos, la caracterización de los personajes y la descripción de las escenas.

- **Guion técnico.** Es la traducción del guion literario a lenguaje audiovisual. Detalla los encuadres y escenas, así como el equipamiento técnico necesario. Está dividido en tomas.

- *Storyboard.* Es el guion gráfico y visual de la obra.

Rodaje o grabación

Consiste en rodar (cine) o grabar (vídeo) los planos establecidos en el guion técnico e implica la puesta en escena.

Montaje o edición

Es el proceso que articula la narración de la película al seleccionar, ordenar y unir los planos rodados, añadir la música y los efectos sonoros siguiendo el guion técnico.

El *storyboard*

El *storyboard* es el **guion gráfico y visual** previo de una película que, en dibujos secuenciados a modo de viñetas, muestra los elementos fundamentales de cada plano de la obra, tal y como se verán por el objetivo de la cámara. Se suele completar con textos que añaden información relevante de cada plano (tipo de plano, ángulo y movimientos de cámara, iluminación, efectos de sonido...).

Su finalidad es concretar los aspectos principales de la obra audiovisual, así como calcular la duración de las escenas, por lo que la persona encargada de realizar los dibujos trabaja con las indicaciones del director y del guionista.

Se dibuja primero a lápiz porque facilita las correcciones y después se entinta para que quede más definido.

No se trata de realizar un trabajo artístico, pues los dibujos aquí son solo **bocetos**. Aunque generalmente se elabora con dibujos, también pueden ser fotografías, y ambos se pueden pegar en un tablón (*board*, en inglés). Pero cada vez hay más programas digitales diseñados para realizar esta tarea.

No hay un único modelo de *storyboard*, pues varía según se trate de una película, de dibujos animados, de un vídeo musical, de publicidad... Incluso dentro de un mismo ámbito, cada director, equipo o autor particulariza el uso del *storyboard* en función de sus preferencias y modo de trabajo.

05 Del cómic a la animación

05.1 El cómic y su lenguaje

El cómic es una narración visual formada por una secuencia de dibujos que incorporan textos breves.

Aunque el uso de imágenes secuenciadas con voluntad narrativa se remonta a la antigüedad, las historietas gráficas se gestan a mediados del siglo XIX, en las páginas de prensa europea y estadounidense. En estas últimas se desarrolla el cómic moderno a finales del siglo XIX, como tira cómica o de aventuras. Pero actualmente los géneros del cómic son muy variados: humorístico, satírico, de aventuras, de superhéroes, fantástico, de ciencia ficción, manga, de terror, policiaco, bélico, histórico y romántico.

> **Storyboard/cómic**
>
> A pesar del parecido, su finalidad es muy distinta: el cómic es la obra en sí misma, mientras que el *storyboard* es una herramienta que se emplea para realizar la posterior obra audiovisual.

07 El lenguaje audiovisual

Variantes del cómic

En función de su extensión, el cómic presenta las siguientes variantes:

- **La tira.** Generalmente tiene de 3 a 5 viñetas.
- **La página.** Consta de un número variable de viñetas, que se desarrollan en una o más páginas.
- **Los libros.** Pueden ser relatos completos o una recopilación de historias cortas en un álbum.
- **La novela gráfica.** Relato completo y complejo con pretensión artística.

Su lenguaje particular radica en los recursos para incluir el **texto** y representar **elementos cinéticos** y **metáforas visuales.**

Carácter secuencial y mixto

Se podría considerar el cómic un antecedente del lenguaje audiovisual, por su carácter secuencial y mixto (ya que emplea tanto el lenguaje visual, como el verbal). De hecho, el autor planifica la composición, el encuadre y el punto de vista de cada viñeta, así como su secuenciación (ya sea lineal, con *flash-backs*, *flash-forwards*, etc.) de manera similar, aunque tiene mayor libertad expresiva gracias al dibujo.

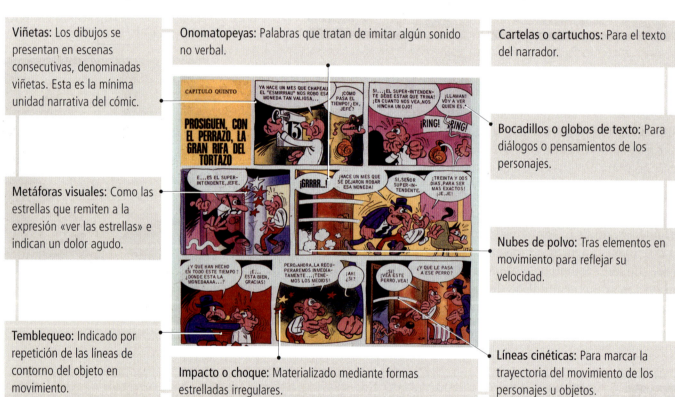

Viñetas: Los dibujos se presentan en escenas consecutivas, denominadas viñetas. Esta es la mínima unidad narrativa del cómic.

Onomatopeyas: Palabras que tratan de imitar algún sonido no verbal.

Cartelas o cartuchos: Para el texto del narrador.

Metáforas visuales: Como las estrellas que remiten a la expresión «ver las estrellas» e indican un dolor agudo.

Bocadillos o globos de texto: Para diálogos o pensamientos de los personajes.

Nubes de polvo: Tras elementos en movimiento para reflejar su velocidad.

Temblequeo: Indicado por repetición de las líneas de contorno del objeto en movimiento.

Impacto o choque: Materializado mediante formas estrelladas irregulares.

Líneas cinéticas: Para marcar la trayectoria del movimiento de los personajes u objetos.

05.2 La animación y su lenguaje

Denominamos animación a la técnica que utilizando dibujos, imágenes u objetos estáticos genera la ilusión óptica de que están en movimiento, es decir, animados.

La aspiración por representar el movimiento, conocida desde la prehistoria a través de imágenes secuenciadas en paredes y muros, se materializó, en 1640, en un invento llamado la **linterna mágica.** En 1824, Peter Mark Roget elaboró la teoría de la **persistencia de visión,** o **persistencia retiniana,** un supuesto fenómeno óptico que nos permitiría percibir como continua una sucesión de imágenes fijas que pasan ante nuestros ojos a una velocidad mayor de lo que tardan en borrarse de la retina.

Dibujos secuenciados para la animación de un personaje.

Artefactos ópticos

La teoría de la persistencia retiniana dio lugar a la invención del **taumatropo** (1824), un disco con imágenes a ambos lados que, al girarlo, crea la ilusión de una sola imagen.

En la segunda mitad del siglo XIX, se inventaron nuevos **artefactos ópticos** que hacían girar manualmente tiras de imágenes en las que se mostraban estadios sucesivos de algún movimiento y se percibían como continuos. Algunos de estos inventos fueron el **zootropo** (1867), el **praxinoscopio** (1878), el **quinetoscopio** (1891), que se considera la primera máquina de cine, por Edison, y finalmente el **cinematógrafo** (1894), de los hermanos Lumière.

Actualmente, la teoría de la persistencia retiniana está en entredicho y las recientes investigaciones en el ámbito de la neurofisiología apuntan a que la percepción de movimiento a partir de una secuencia de imágenes fijas es fruto de un **proceso cerebral.**

Como vemos, los artefactos ópticos que animaban dibujos son antecedentes del cinematógrafo, pero es a principios del siglo XX cuando hablamos del nacimiento de los **dibujos animados,** tal y como los concebimos hoy en día. Uno de los pioneros de esta técnica fue Walt Disney, cuyos estudios contribuyeron al desarrollo de la animación, así como al uso del *storyboard,* que se atribuye a sus películas de los años treinta.

En animación, las imágenes estáticas se denominan cuadros y se realizan uno a uno. Hay que realizar **24 cuadros por segundo de animación.** Aparte de dibujos, los cuadros también pueden ser fotografías sucesivas que recojan pequeños cambios de posición en el movimiento de objetos o personas. Así, encontramos diversos tipos de animación, de entre los que destacamos:

- **Dibujos animados.**

- *Stop motion*. Animación de objetos captada fotografía a fotografía.

    Sus variantes son:

    – La **plastimación,** cuando los objetos son de plastilina o arcilla.

    – La **pixilación,** cuando son personas y objetos reales. Cuando los objetos animados son de papel recortado fotografiado, hablamos de **animación con recortes.**

- **Animación digital o por ordenador.** Los gráficos se generan en el ordenador en 2D (dibujos planos) o en 3D (modelados tridimensionales).

El lenguaje de la animación hace suyos todos los recursos expresivos del lenguaje audiovisual, pero también puede incorporar ingredientes del cómic, como los elementos cinéticos o las metáforas visuales. En definitiva, suma las posibilidades expresivas de ambos, cine y cómic.

El director de películas de animación Tim Burton en la realización de *Frankenweenie*, mediante la técnica de *stop motion*.

06 De la fotografía al cine

06.1 La fotografía y su lenguaje

La fotografía es el primer método creado para representar el mundo de manera realista (alto grado de iconicidad), directa e instantánea, en un soporte móvil de dos dimensiones.

La fotografía surge en la primera mitad del siglo XIX como resultado de la fusión de dos principios técnicos: la **cámara oscura** y la **capacidad de las sales de plata para reaccionar ante la luz**, conocida ya en la Edad Media.

La cámara oscura es un instrumento óptico conocido desde la antigüedad, formado por una caja o cámara cerrada, con un pequeño orificio por el cual penetra la luz, que se proyecta en la pared opuesta, produciendo la imagen invertida de la escena exterior a la caja.

Lenguaje fotográfico

La fotografía y el cine comparten ciertos aspectos de lenguaje en cuanto a encuadre y punto de vista de la imagen. Por lo tanto, en la práctica fotográfica tenemos que considerar lo aprendido sobre la selección del campo visual, respecto a:

- La composición de los elementos visuales del encuadre y su iluminación.
- La distancia del objeto a la cámara (escala objeto/encuadre).
- Nivel, altura y angulación de la cámara.

Sin embargo, ambos difieren en cuanto a la representación del **tiempo:** en fotografía es un instante, y del **movimiento:** en la imagen fija o bien se capta un instante del movimiento «congelado», o se insinúa con técnicas como las siguientes.

Fotografía digital

En lugar de película, utiliza sensores de luz. Con la fotografía digital las posibilidades de manipulación del mensaje de la imagen son inagotables. Por una parte, encontramos cámaras que permiten realizar ajustes de imagen y color e incluso fotografías panorámicas y en 3D. Por otra, los programas de retoque fotográfico permiten realizar alteraciones y fotomontajes de gran calidad.

Movimiento congelado
El movimiento de la gota que cae sobre el agua está detenido en un instante, gracias a una velocidad de obturación alta y mucha luz.

Exposición prolongada
El recorrido del objeto en movimiento se muestra como una estela borrosa.

Barrido
El movimiento queda recogido por la cámara con la que seguimos al objeto a su misma velocidad. El fondo barrido se convierte en líneas borrosas.

Fotosecuencias
Se hace una ráfaga de varias fotografías del movimiento, y después se fusionan en una con un software especializado.

Géneros fotográficos

Los géneros fotográficos se suelen clasificar por su tema, estilo y ámbito profesional en el que se aplican. Algunos géneros proceden de la pintura, como el retrato, el paisaje o el bodegón. También hablamos de fotografía artística, publicitaria, científica, documental...

06.2 El cine y su lenguaje

El cine supuso la culminación de la aspiración por **representar el movimiento de la realidad,** conservarlo y reproducirlo. Surge a finales del siglo XIX, producto de la conjunción de varios fenómenos:

- El descubrimiento de que una secuencia de imágenes que pasan a una cierta velocidad crean la **ilusión de movimiento.**
- La invención de las **máquinas de tiras de dibujos** en movimiento.
- La captación instantánea de la imagen fija gracias a la **fotografía,** que permitía captar las fases sucesivas del movimiento de algún elemento real.

Lenguaje cinematográfico

El lenguaje cinematográfico gestado en Hollywood a principios del siglo XX es el más generalizado. Pero desde los inicios del cine, ha habido movimientos artísticos que han explorado otros modos de articular el lenguaje audiovisual, como el cubismo, el dadaísmo o el surrealismo, enmarcados en el denominado cine experimental.

Los códigos del lenguaje cinematográfico y sus posibilidades expresivas se han redefinido con el tiempo, gracias al desarrollo de los medios tecnológicos y a la investigación de sus creadores. Por ejemplo, en los inicios del cine mudo, la expresividad recaía sobre la planificación, la gesticulación y la caracterización física de los personajes. Pero esto ha ido evolucionando paulatinamente: a finales de los años veinte con la introducción del sonido, en los años treinta con el desarrollo del color, en los cincuenta con los sistemas panorámicos y especialmente ahora, con la tecnología digital.

Estudio del galopar de un caballo, por Eadweard Muybridge, que muestra fotografías sucesivas tomadas en distintas posiciones del recorrido. Después, estas fotografías sucesivas (fotogramas) se reproducían con la rapidez suficiente como para recomponer la ilusión de movimiento. Así, el cine o cinematografía es «imagen en movimiento». Mezclando estos avances, a finales del siglo XIX se inventa el cinematógrafo por los hermanos Lumière.

La tecnología digital en el cine

Esta tecnología se inició en el cine en los años ochenta, con efectos especiales en películas como *Tron* o *Terminator*. En los 90 con *Jurassic Park* o *Toy Story*. También se sustituyeron los actores reales por personajes creados por ordenador en películas como *Final Fantasy* (2001). La evolución llegó hasta las películas 3D, cuyos fundamentos se conocían y utilizaban ya desde el siglo pasado, aunque es ahora cuando parecen experimentar un auge notable, debido a películas comerciales, como *Avatar* (2009). Este progreso de la tecnología digital transforma el lenguaje y hace que las fronteras entre cine y animación sean cada vez más difusas.

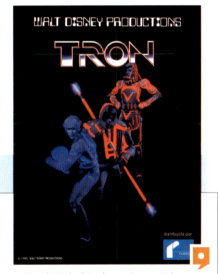

Tron (1982), dirigida por Steven Lisberger, es una de las primeras películas en utilizar efectos especiales digitales.

Avatar (2009), dirigida por James Cameron. En 2010 se reestrenó en salas 3D.

Géneros cinematográficos

El lenguaje también depende de los géneros, puesto que utilizan estereotipos expresivos y estéticos que facilitan su reconocimiento.

En el cine de ficción encontramos diversos géneros: histórico, comedia, del oeste, negro, de suspense, de terror, ciencia-ficción, drama, de aventuras, de acción, bélico, musical y de autor; también se pueden etiquetar por otras categorías, como el movimiento cinematográfico al que pertenecen.

07 El lenguaje audiovisual

07 Nuevas tecnologías audiovisuales

> Denominamos **nuevas tecnologías audiovisuales** a los últimos avances en el conjunto de instrumentos, procedimientos y recursos técnicos que permiten los procesos de comunicación audiovisual.

Es una denominación que cambia con el paso del tiempo, porque la tecnología está en constante evolución y enseguida se queda obsoleta. En la actualidad, se basa en sistemas digitales de procesamiento de la información audiovisual y de telecomunicaciones.

Comprende todos los elementos tecnológicos que posibilitan:

- **Captar la información audiovisual:** cámaras de vídeo, fotográficas, teléfonos móviles con cámara...
- **Elaborarla:** ordenadores y programas informáticos...
- **Transmitirla:** redes de telecomunicaciones, como internet, y sus dispositivos.
- **Recibirla:** teléfonos móviles, ordenadores con pantalla y altavoces...

07.1 Cómo editar un vídeo

La edición es el proceso de selección y posterior unión de planos y secuencias que se han grabado para realizar una película o vídeo. Hoy en día, utilizamos para ello programas informáticos como los que se encuentran instalados por defecto en el ordenador, los que son de uso libre o gratuitos y los de pago.

Podemos realizar con imágenes fijas un pequeño corto en el que pueden aparecer los trabajos de clase, las excursiones que has hecho con tus compañeros o las fotografías para hacer un *stop motion*.

Edición con Movie Maker

Para dar tus primeros pasos en la edición de vídeo y crear tu propia película, sigue los siguientes pasos:

Importa las fotografías

Una vez abierto el programa comienza agregando tus fotos en *Agregar videos y fotos*. Con un simple arrastrar y soltar, coloca en el orden que prefieras las fotografías, que aparecerán situadas a la derecha de la pantalla a tamaño pequeño.

Añade tiempo de duración

Cambia la velocidad de la fotografía con un doble clic en ella. Encontrarás en *Herramientas de vídeo* la duración de cada imagen, que no debe ser superior a un segundo.

Incorpora efectos especiales

Puedes utilizar con discreción algún efecto especial, como las animaciones (transiciones entre dos imágenes de cortinillas y fundidos con desplazamientos o zum) o los efectos visuales (para modificar una imagen cambiando su color, su textura y su brillo) aumentando así la expresividad.

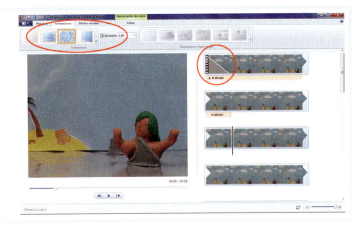

Pon título y créditos

Inserta una primera diapositiva en la que aparezca el título del vídeo. Tienes también que calcular la duración que tendrá y elegir la tipografía y el color que más te guste. Coloca los créditos al final del vídeo con los efectos elegidos.

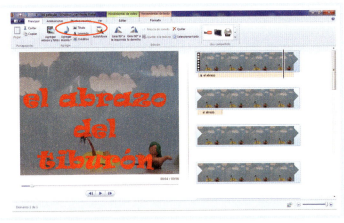

Inserta banda sonora

Añade la música insertando el archivo de audio. Ajusta la duración de la canción para que coincida con la duración del vídeo.

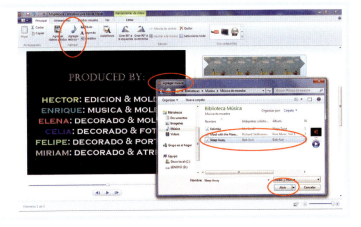

Guarda la película

Una vez finalizado el proyecto y para visualizar la película desde cualquier ordenador, debes guardarla en *Guardar película*, usando una definición estándar para que no ocupe demasiado espacio. Hasta que no realices este paso podrás seguir editando la película pero no podrás compartirla con tus amigos.

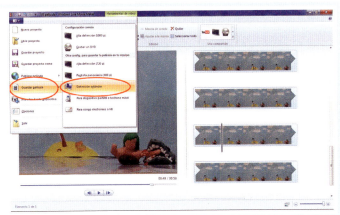

07 El lenguaje audiovisual

PROPUESTAS DE TRABAJO

1. Selecciona cuatro fotogramas de película que creas que puedan estar manipulados en algún sentido. Ponlos en común con tus compañeros y explica en qué consiste la manipulación en cada caso.

2. Visionad en clase un fragmento de la película *Casablanca* (1942), de Michael Curtiz, elegido por el profesor y diferenciad al menos uno de los tres tipos de unidades estructurales que componen la película: fotograma, plano, secuencia.

3. En grupos de 2 o 3 y con el móvil, haced cada uno a otro compañero siete fotos, que correspondan a cada uno de los siete tipos de plano estudiados en la unidad: gran plano general, plano general, entero, americano, medio, primer plano y plano de detalle.

4. Con el mismo grupo y también con el móvil, realizad seis fotos a un compañero con la cámara en los diferentes ángulos: cenital, picado, normal, contrapicado, nadir y aberrante.

5. En un grupo de 3 o 4, realizad un travelín en vídeo con la cámara del móvil paralela al caminar de tus compañeros. Después, haced una panorámica horizontal de la clase desde un punto fijo, para que solo gire la cámara.

6. En clase, visionad un minuto de diez películas que elija vuestro profesor. Después, entre todos escribid una lista de las características de cada una por las que se pueda deducir el género cinematográfico al que pertenece.

7. Realiza una tira de cómic de entre tres y cinco viñetas. Básate en uno que te guste para ver cómo utiliza los recursos del lenguaje del cómic y aplícalos al tuyo.

8. Realiza un taumatropo. Para ello:
   a. Dibuja y recorta una circunferencia sobre una cartulina o cartón.
   b. Realiza dos dibujos que quieras que se vean unidos, uno en cada cara del círculo. Observa la posición en la que tienen que ir.
   c. Haz dos agujeros como en el ejemplo, atraviesa cada uno con un cordón o goma elástica y realiza un nudo en los extremos.
   d. Da la vuelta a los cordones hasta que estén muy retorcidos.
   e. Después, estíralos para que el círculo gire rápidamente y puedas ver cómo los dos dibujos se juntan.

Fotograma de la película *El tercer hombre* (1949), de Orson Welles. Ejemplo de plano aberrante. (La cámara está en posición oblicua respecto a la línea del horizonte.)

07 El lenguaje audiovisual

MAPA CONCEPTUAL

ACTIVIDADES

1. ¿Qué es la comunicación audiovisual? Cita algunos ejemplos cotidianos.

2. ¿Cuáles son los elementos más básicos del lenguaje audiovisual y cómo se agrupan?

3. ¿Cuáles son las unidades estructurales que componen una película? Y de ellas, ¿cuál es la unidad básica?

4. ¿A qué llamamos géneros audiovisuales? Cita algunos ejemplos.

5. Explica las fases del proceso de realización de una obra audiovisual.

6. ¿Cuáles son los recursos característicos del lenguaje del cómic?

7. ¿Cuántos cuadros por segundo se utilizan en animación?

8. ¿Se puede representar el movimiento en fotografía? Cita cuatro ejemplos.

9. Explica qué fenómenos y circunstancias permitieron la invención del cine.

07 El lenguaje audiovisual

EVALUACIÓN

PROYECTO DE ANIMACIÓN *STOP MOTION*

Como los procesos de realización de una obra audiovisual son complejos, debéis crear equipos de trabajo que se encarguen de las distintas fases y coordinar la participación de los distintos grupos.

Antes de empezar el *stop motion,* se define la idea y el argumento y se concreta qué género tendrá (comedia, drama…). Además, se elige una de sus variantes: plastimación (con plastilina o arcilla), pixilación (con personas y objetos reales) o animación con recortes.

1 Elaboración de los guiones

- **Guion literario.**

  Redactad una historia corta que queráis contar, incluyendo la caracterización de los personajes que aparecerán en escena.

- **Guion técnico.**

  Describid los encuadres y las escenas necesarias para la filmación.

- ***Storyboard.***

  Dibujad en diferentes viñetas los espacios donde se desarrollará la historia para realizar la escenografía que necesitaréis y el orden en el que aparecerán los personajes.

2 Preparación

Los guiones son la herramienta necesaria para saber qué materiales se necesitarán para la filmación. Hay que preparar el escenario, los personajes y otros objetos necesarios.

- **Escenario.** No se necesitarán materiales complicados de trabajar, ya que en la fotografía no se apreciará la solidez. Se puede usar cartón, papeles de colores, témperas e incluso dibujos a lápiz, dependiendo del efecto que queráis conseguir.

- **Personajes.**

  Para la fabricación de los personajes se puede usar plastilina, miga de pan, arcilla u otros materiales para modelado que nos permitan articular el personaje. También podéis trabajar con muñecos u objetos.

3 Ejecución

- **Sesión de fotos.**

  Para la sesión de fotos se debe contar con un lugar cómodo, con buena luz, en el que se puedan manipular los elementos con facilidad.

  Fijad la cámara o el móvil frente al espacio que se va a encuadrar. Cada foto que realicéis perteneciente al mismo plano debe tener exactamente el mismo encuadre que la anterior.

  Cada vez que mováis el objeto, por pequeño que sea el movimiento, haced una fotografía, hasta completar la acción. Cuántas más fotografías se tengan, más real parecerá el movimiento.

4 Montaje o edición

- **Animación de un plano.**

  En primer lugar, debéis componer la secuencia animada de cada plano, en caso de tener más de uno. Juntad las fotografías pertenecientes a un mismo plano cronológicamente con una duración suficientemente baja para que se aprecie el movimiento.

- **Montaje de la secuencia.**

  Después, exportad cada plano para generar un archivo de vídeo para cada uno. Ahora, ya podéis montar la secuencia de vuestra película.

- **Consejos.**

  Si se realizan las fotografías según el orden que indica el guion técnico, resultará más fácil montar después la secuencia. Usad un programa de edición de vídeo para montar la película.

DIARIO DE APRENDIZAJE

¿Qué grado de satisfacción he alcanzado con respecto al interés que me suscitaba este tema?